Neuigkeiten aus Deutschland 2018/19

Andrea Raab
Toshiko Ishii

ASAHI Verlag

音声ダウンロード

音声再生アプリ「リスニング・トレーナー」新登場（無料）

朝日出版社開発のアプリ、「リスニング・トレーナー（リストレ）」を使えば、教科書の音声をスマホ、タブレットに簡単にダウンロードできます。どうぞご活用ください。

まずは「リストレ」アプリをダウンロード

▶ App Store はこちら　　▶ Google Play はこちら

アプリ【リスニング・トレーナー】の使い方

❶ アプリを開き、「コンテンツを追加」をタップ
❷ QRコードをカメラで読み込む
❸ QRコードが読み取れない場合は、画面上部に **25434** を入力し「Done」をタップします

パソコンからも以下のURLから音声をダウンロードできます

http://audiobook.jp/exchange/asahipress

▶ 音声ダウンロード用のコード番号【25434】

※ audiobook.jp への会員登録（無料）が必要です。すでにアカウントをお持ちの方はログインしてください。

QRコードは㈱デンソーウェーブの登録商標です

Webストリーミング音声

http://text.asahipress.com/free/german/neuigkeiten18_19/

各課のはじめに、本文全体をナチュラルスピードで朗読した音声トラックがあり、その後、段落ごとにゆっくりと朗読したトラックが続きます。

はじめに

　本書は、ドイツ語を学びながらドイツの最新情報を知ってもらおうという意図で毎年編まれているもので、1993 年から始まり今回が 27 冊目になります。今のドイツを知りたいけれど、かといってドイツの新聞や雑誌を読むには力が足りないという学習者たちから、初級読本と原書の中間レベルのテキストとして好評をいただいています。

　25 周年を迎えた際に、さらに多くのドイツ語学習者の皆さんに読んでいただきたいと願い、大幅な変更を加えました。第一に、その年 1 年のトピックスに限らず、最近数年間の興味深いニュースを取り上げ、テーマも広範囲に様々な分野から選びました。第二に、本文を見開き 2 ページに減らし、文体もジャーナリスティックではなくエッセイ風のドイツ語に代え、より読み易くなりました。さらに今回約 3 章ごとに Intermezzo を設け、写真による視覚情報を得られるよう工夫しました。

　時事的なニュースはどうしても「難しい」と思われがちなので、少しでも取り組み易いように年々工夫を重ねています。長文読解のテクニックで、知らない単語だからと頭から辞書を引きまくるのではなく、まず「誰（何）が」「どうした」か、つまり主語と動詞を把握できると、ある程度予測がついて読み易くなります。また文法や語彙は、じっくり落ち着いて見てみると初級の知識を応用すれば理解できるものばかりなのですが、一番難しいのはニュースの背景がわからないと読みこなせないところでしょう。

　これはドイツ語力というよりは理解力の問題なので、このテキストをきっかけに自発的に問題意識を呼び起こし、知識や考え方を広げていただきたいと思います。最近ではドイツの情報もインターネットで手軽に得られますので、各課の解説や脚注を参考に、どんどん教養を深めて下さい。テキストを読みながらドイツやドイツ語に興味を持ち、少しでも身近に感じていただければ幸いです。

2020 年 1 月

アンドレア・ラープ
石井寿子

Neuigkeiten aus Deutschland 2018/19
Inhaltsverzeichnis

1 Das Grundgesetz – ein Glücksfall für Deutschland　　　　[Geschichte]
　　基本法―ドイツの幸運 ··· 1

2 Frauen in Politik und Gesellschaft　　　　　　　　　　　[Gesellschaft]
　　女性参政権行使100周年 ·· 5

3 Deutschlands politische Jugend　　　　　　　　　　　　[Gesellschaft]
　　ドイツの若者と政治 ··· 9

4 Männlich, weiblich, divers　　　　　　　　　　　　　　　　[Politik]
　　男性、女性、多様 ··· 13

　　Intermezzo Kapitel 1-4 ·· 17

5 Wohnungsnot und hohe Mieten　　　　　　　　　　　　　[Wirtschaft]
　　住宅不足と家賃の高騰 ·· 19

ドイツの国家機構 ·· 23
EU（欧州連合）のしくみ ·· 24

6 EU beschließt Plastikverbot　　　　　　　　　　　　　　　　[Umwelt]
　　EUプラスチック禁止令を採択 ··· 25

7 **Im Land der Heimwerker** [Freizeit]
日曜大工の国で ……………………………………………………… 29

　Intermezzo Kapitel 5-7 ……………………………………………… 33

8 **100 Jahre Bauhaus** [Kunst und Design]
バウハウス創立 100 周年 ……………………………………………… 35

9 **Modezar Karl Lagerfeld ist tot** [Mode]
ファッション界のドン　カール・ラーガーフェルト逝去 ……………… 39

　Intermezzo Kapitel 8-9 ……………………………………………… 43

10 **Deutsche Rechtschreibung: Schulen schaffen „Lesen durch Schreiben" ab** [Bildung]
ドイツ語正書法：「書いて読む方式」の廃止 ……………………… 45

11 **Der Deutsche Alpenverein: Wir lieben die Berge. Seit 1869.** [Sport]
ドイツアルペンクラブ：山を愛して 150 年 ………………………… 49

12 **Stille Nacht! Heilige Nacht! – Ein Weihnachtslied geht um die Welt** [Musik]
「きよしこの夜」誕生から 200 年 …………………………………… 53

　Intermezzo Kapitel 10-12 …………………………………………… 57

Geschichte

KAPITEL 1

Das Grundgesetz
– ein Glücksfall für Deutschland

ベルリン議員会館（ヤコブ・カイザーハウス）前に刻まれたドイツ基本法の19条

基本法—ドイツの幸運

　1945年5月8日ドイツが無条件降伏して第二次世界大戦が終結すると、米英仏ソの戦勝4カ国は国境線をヒトラーが侵攻を開始する前の状態にほぼ戻し、ドイツを4分割してとりあえず共同占領統治しました。本当は4カ国がドイツを指導し、民主的な法治国家に再建させるはずでしたが、冷戦で西側3カ国とソ連の対立が深刻化し、膠着状態に陥りました。占領状態を続けるわけにもいかず、西側はソ連の占領地区を除外してドイツを再建させることにしました。

　国を作るには憲法が必要です。そこで西側3カ国の占領地区内にあった11州の代表65名で構成される議会評議会が、新生ドイツ建国のたたき台となる草案を練りました。ナチの台頭やヒトラーの独裁を許した過去を反省し、二度とこのようなことが起きないように人権尊重、国民主権を明文化し、永久条項として改憲できないようブロックしました。

　ただし憲法という言葉はあくまでドイツが1つに戻れた時に使うべきで、それまでは国の基本的方針を定めた暫定的な法律だという意味で、意図的にGrundgesetz（基本法）という名称を用いました。ところが西側に対抗してソ連の占領地区からドイツ民主共和国が誕生して、想像以上に冷戦が長引き、2つのドイツの時代が40年間続いたのです。

　ソビエト共産党のゴルバチョフ書記長の政策を受け、共産圏の国々で一斉に自由化が進み、1989年ベルリンの壁が崩壊して冷戦が終結しました。翌年東ドイツ政府は早い統一を求める国民の民意を受け、「基本法が適用される地域をドイツ連邦共和国の領土とする」という一項目に従い、自分たちも基本法を受け入れると宣言して、ドイツは再び1つに戻りました。念願がかない、Verfassung（憲法）に変更される日がいつか来るかもしれません。

1 Das Grundgesetz – ein Glücksfall für Deutschland

„Die Würde des Menschen ist unantastbar."[1] Dies ist der Satz, der wohl jedem Deutschen zuerst in den Sinn kommt, wenn er nach dem Grundgesetz[2] gefragt wird. Dieser erste Artikel ist der Leitgedanke der Verfassung, die am 23. Mai 1949 für die Bundesrepublik Deutschland[3] verkündet wurde. Sie hat sich als Glücksfall für das Land erwiesen.

Als das Grundgesetz entstand, befand sich das Land in einer besonderen Situation: Die nationalsozialistische Diktatur[4] und der Zweite Weltkrieg waren zu Ende, Deutschland als Verlierer lag moralisch, politisch und wirtschaftlich gesehen am Boden. Die westlichen Siegermächte[5] beauftragten den Parlamentarischen Rat[6], für den westlichen Teil Deutschlands eine demokratische Verfassung auszuarbeiten. Die Mütter und Väter des Grundgesetzes hatten ein Ziel: Die Schrecken der Nazidiktatur – die Menschenwürde war damals mit Füßen getreten worden – sollten sich nie mehr wiederholen können. Den vier Frauen und 61 Männern[7] ist ein kluger und weitsichtiger Rechtstext gelungen. Er heißt Grundgesetz, nicht

---

1 „Die Würde des Menschen ist unantastbar." 「人間の尊厳は不可侵である」。ドイツ基本法の第1条第1項で、学校で憲法について勉強する時、ドイツの子どもたちはまずこの書き出しの条文を習う
2 das Grundgesetz 「基本法」、正式にはDas Grundgesetz für die Bundesrepublik Deutschlandという。ドイツの憲法で1949年5月23日に公布され、この憲法の制定によりドイツ連邦共和国が誕生した
3 die Bundesrepublik Deutschland 「ドイツ連邦共和国」、いわゆる西ドイツ。第二次世界大戦後、戦勝4カ国のうち西側3カ国の占領地区から西ドイツが、ソビエトの占領地区から東ドイツが建国され、ドイツは東西に分断された
4 die nationalsozialistische Diktatur 「ナチ（国家社会主義党）の独裁政治」。ナチの党首であるヒトラーが1933年首相となり独裁政治を行った。1945年ヒトラーが自殺し、ドイツが無条件降伏して第二次世界大戦が終結した
5 die westlichen Siegermächte 「西側戦勝国」、米英仏のこと。戦勝4カ国が話し合ってドイツを指導し、健全な法治国家を再建させるはずだったが、冷戦が起きて西側3カ国とソ連が決裂した
6 der Parlamentarische Rat 「議会評議会」。占領状態を終わらせ自治権を取り戻すために必要な憲法を立案すべく、西側戦勝3カ国の委託を受けて1948年9月～1949年5月までボンで開かれた暫定議会
7 die vier Frauen und 61 Männer 「女性4名と男性61名」。議会評議会は国民の直接選挙によって選ばれたのではなく各州の代表で編成された。終戦直後に州の整理・形成が進み、西側占領地区には11の州が存在した

Geschichte

Verfassung, weil er als Übergangslösung[8] bis zu einer Wiedervereinigung von West- und Ostdeutschland gedacht war. Als es 1990 tatsächlich dazu kam, hat man auf eine neue Verfassung verzichtet. Die DDR[9] trat dem Geltungsbereich des Grundgesetzes einfach bei. Das zeigt, wie groß das Vertrauen in diese rechtliche und politische Grundordnung war.

Das Grundgesetz ist für den Wandel der Zeiten offen, denn der Text kann verändert werden. Für den Artikel 1 jedoch gilt die Ewigkeitsklausel[10]. Er darf nicht angetastet werden. Der bedingungslose Humanismus soll als Basis immer bestehen bleiben. Auch die Verfassungsprinzipien[11] aus Artikel 20 sind nicht veränderbar.

Sieben Jahrzehnte hat sich das Grundgesetz bewährt. Unter seinem Schutz erlebte Deutschland die längste Phase von Frieden, Freiheit und Demokratie[12] in seiner Geschichte. Allerdings nehmen inzwischen die Angriffe auf die freiheitlich-demokratische Grundordnung durch Extremismus und Terrorismus[13] zu. Das Grundgesetz braucht auch selbst Unterstützung. Das bedeutet für die Bürger, dass sie sich entschlossen zu den fundamentalen Grundwerten ihrer Verfassung bekennen müssen.

---

8 Übergangslösung「暫定解決策」。一時的に東西に分かれても再び1つに戻れると考えられていたので、それまでの基本的な国の方針を定めた法律という意味でVerfassung（憲法）を避け基本法と命名した
9 die DDR「ドイツ民主共和国（die Deutsche Demokratische Republikの略）」、いわゆる東ドイツ。1990年10月3日、当時の東ドイツ議会が西ドイツの憲法である基本法を自分たちも受け入れると宣言し、ドイツ統一が成し遂げられた
10 die Ewigkeitsklausel「永久条項」。基本法は暫定憲法なので現状に合わせ容易に改憲できるが、基本的人権の不可侵を謳う第1条は第79条第3項で「永久条項」に定められ、変更が許されていない
11 die Verfassungsprinzipien「憲法原則」。ドイツは民主的法治国家で憲法を遵守し、国民に主権があることを明文化した基本法第20条も、永久条項に指定され変更することができない
12 die Phase von Frieden, Freiheit und Demokratie「平和、自由、民主主義の段階（時代）」。ドイツ帝国時代（1871-1918）、ワイマール共和国時代（1919-33）、第三帝国時代（1933-45）と比べ、これほど長く平和な時代が続いたのはドイツ史上初
13 Extremismus und Terrorismus「過激派とテロ」。世界的に自由・民主主義を脅かす極右や極左のヘイト活動、あるいは様々なテロ行為が増えて不穏な時代を迎えており、平和憲法が改悪されないよう国民の団結が求められている

Übungen

I 次の動詞の3基本形を書きましょう。

(1) erweisen　　(2) entstehen　　(3) sehen　　(4) gelingen

II 下線部の動詞を、使われている時制で人称変化させましょう。

(1) Die nationalsozialistische Diktatur und der Zweite Weltkrieg <u>waren</u> zu Ende.

(2) Die Mütter und Väter des Grundgesetzes <u>hatten</u> ein Ziel.

(3) 1990 <u>kam</u> es tatsächlich dazu.

III 次の名詞句を1〜4格まで変化させましょう。

(1) dieser erste Artikel　　(2) ein kluger und weitsichtiger Rechtstext

(3) die längste Phase　　(4) die fundamentalen Grundwerte

IV 下線部に適切な前置詞を補いましょう。

(1) Jeder Deutsche denkt an den Satz, wenn er ___ dem Grundgesetz gefragt wird.

(2) Deutschland als Verlierer lag ___ Boden.

(3) Die Menschenwürde war damals ___ Füßen getreten worden.

(4) Bei der deutschen Wiedervereinigung hat man ___ eine neue Verfassung verzichtet.

(5) ___ den Artikel 1 gilt die Ewigkeitsklausel.

V 本文の内容と一致しているものに×をつけましょう。

☐ (1) Der Parlamentarische Rat sollte für ganz Deutschland eine Verfassung ausarbeiten.

☐ (2) Der Text des Grundgesetzes, für den die Ewigkeitsklausel gilt, kann nicht verändert werden.

☐ (3) Inzwischen nehmen die Angriffe auf das Grundgesetz durch Extremismus ab.

Gesellschaft

KAPITEL 2
Frauen in Politik und Gesellschaft

1919年1月19日、初の投票に並ぶ女性たち

女性参政権行使 100 周年

　1919年ドイツで初めて女性が参政権を行使し、女性有権者の82%が投票。37人の女性候補者が当選しました。日本では第二次世界大戦後、連合国軍マッカーサー司令官の指令を受けて女性の地位向上が図られ、1946年衆議院選挙で日本初の女性議員39名が誕生しました。

　世界の女性参政権実現の経緯は、国の事情により様々ですが、ドイツでは1843年頃から女性ジャーナリストのLouise Otto-Petersが自ら発行する女性新聞に「帝国の自由のために女性国民よ、集まれ！」と呼びかけたのが最初でした。しかしその後、女性に教育を受ける自由を認め、将来自活できる経済力をつけることには理解を得られたものの、参政権については「女は政治に口を出すな！」という社会的風潮が根強く、なかなか実現に至りませんでした。

　それが大きく動いたのは、第一次世界大戦の敗戦で皇帝が退位して共和制国家を作ることになり、憲法を制定する暫定議会（ワイマール国民議会）の選挙が行われた時でした。女性参政権に賛成のSPDが主力となっていたので、男女を問わず20歳以上のドイツ国民全員に選挙権が与えられたのです。

　しかし現在連邦議会で女性議員が全議席数に対して占める割合はわずか31%で、メルケル首相をはじめ数人の女性閣僚は存在するものの、政治における男女同権が実現されたとは言い難いのが現状です。財界のトップも男性で占められ、他方家庭では家事の負担がもっぱら女性にかかっており、旧態依然とした男女の役割分担が続いています。

　女性参政権行使100周年を契機に男女同権問題をもう一度見直そうという意図から、連邦議会では記念日に大々的な祝賀式典を行いました。

2 Frauen in Politik und Gesellschaft

Natürlich dürfen Frauen in Deutschland wählen. Selbstverständlich! Schon seit 100 Jahren ist das so. Warum brauchen wir zu diesem Anlass eine Feierstunde im Bundestag[1]? Wieso geben die Medien dem Thema so viel Raum? Die Gleichberechtigung von Frauen und Männern ist doch ein Grundsatz der Verfassung[2]. Ist nicht alles wunderbar geregelt?

Was vor 100 Jahren begann, ist eine Entwicklung, die noch lange nicht abgeschlossen ist. Am 19. Januar 1919 fand die Wahl zur Weimarer Nationalversammlung[3] statt. Frauen durften sich zum ersten Mal aktiv und passiv[4] an einer Wahl beteiligen. Lange hatten sie dafür gekämpft. 82 Prozent der wahlberechtigten Frauen gingen damals zur Wahl. Neun Prozent der Abgeordneten[5] im neuen Parlament waren weiblich.

Heute steht in der Bundesrepublik Deutschland eine Frau an der Spitze der Regierung. Angela Merkel ist seit 2005 Bundeskanzlerin[6]. Trotzdem gibt es noch keine echte Gleichstellung von Frauen und Männern in Politik und Gesellschaft. Mit 31 Prozent ist der Anteil der Frauen im Bundestag

---

1　eine Feierstunde im Bundestag　ドイツで初めて女性に参政権が与えられた選挙の投票日から100年目にあたる2019年1月19日を前にした17日、連邦議会で女性参政権行使100周年を祝う式典が行われた

2　ein Grundsatz der Verfassung　憲法の基本原則。ドイツ連邦共和国の憲法である基本法 (Grundgesetz) では、男女同権を明文化し、基本的人権の1つとして法的に保障している

3　die Weimarer Nationalversammlung　「ワイマール国民議会」。第一次世界大戦 (1914-19) 後の国家再建のために選出された暫定議会で、正式にはVerfassunggebende Deutsche Nationalversammlung「憲法制定ドイツ国民議会」という。1919～20年Weimarで開催された

4　aktiv und passiv　「能動的にも受動的にも」。能動的選挙権は投票する権利 (投票権)、受動的選挙権 (被選挙権) は立候補して選挙で選ばれる権利 (立候補権)

5　die Abgeordneten　「(連邦議会の) 議員たち」。女性有権者の82％が投票し、37人の女性議員が当選した。この数は全議席数の9％に相当する

6　Bundeskanzlerin　「(女性) 連邦首相」。Angela Merkel (1954年Hamburg生まれ、CDU) は2005年ドイツ史上初めて女性として首相に就任し、第1次 (2005-09)、第2次 (2009-13)、第3次 (2013-17)、第4次 (2018-) メルケル内閣の首長を務める

Gesellschaft

noch viel zu gering. „Frauen sind die Hälfte des Volkes und müssen auch entsprechend vertreten sein. Deshalb ist es an der Zeit für Parität in den Parlamenten[7]", fordert Bundesfamilienministerin[8] Franziska Giffey. Auch in der Wirtschaft[9] sind nur wenige Spitzenpositionen mit Frauen besetzt. Dabei ist ihr Bildungsniveau[10] hoch und in den Schulen sind Mädchen häufig erfolgreicher als Jungen. Beruf und Familie[11] lassen sich für viele Frauen nicht gut verbinden. Immer noch tragen sie die Hauptlast bei der Kindererziehung, bei der Hausarbeit und in der Pflege – ohne Entlohnung. Im Job bekommen sie für die gleiche Arbeit oft weniger Geld als ihre männlichen Kollegen.

„Erst wenn Frauen und Männer wirklich frei entscheiden können, wo sie die Prioritäten in ihrem Leben setzen wollen, ohne auf Beruf oder Familie oder gesellschaftliches Engagement zu verzichten, ist das Ziel erreicht", erklärte Bundestagspräsident[12] Wolfgang Schäuble in der Feierstunde *100 Jahre Frauenwahlrecht* im Deutschen Bundestag.

7　**Parität in den Parlamenten**「同率議席」。議員は国民の代表なので、国民の要望を的確に代言できるよう、議員の男女比を国民の男女比率に合わせるべきだと主張されているが、現実には女性連邦議会議員の全体に占める割合は前議会（2013-17）が 37.3％で最多。現在は 30.7％にとどまっている

8　**Bundesfamilienministerin**「（女性）連邦家庭相」、正確には Bundesministerin für Familie, Senioren, Frauen und Jugend。2018 年から Franziska Giffey（1978 年 Frankfurt an der Oder 生まれ、SPD）が務めている。女性に関する最も重要な担当省庁で、祝賀式典では Bergmann 元家庭相も祝辞を述べた

9　**die Wirtschaft**「経済界、財界」。企業のトップは依然として男性が多く、女性が幹部職を占める会社はめずらしい

10　**das Bildungsniveau**「教養レベル、学歴」。大学進学率は最近では男性より女性の方が高く、高校までの学業成績も男子より女子の方が良い

11　**Beruf und Familie**「仕事と家庭」。育児休暇や両親手当の導入、保育園の増設などで女性が仕事と家庭を両立し易い環境作りが進められているものの、依然として女性にかかる家事の負担は大きく、子どもを産まない一要因となっている

12　**Bundestagspräsident**「連邦議会議長」。2017 年から Wolfgang Schäuble（1942 年 Freiburg im Breisgau 生まれ、CDU）が務め、式典では連邦議会を代表し祝辞を述べた

Übungen

I 次の動詞の3基本形を書きましょう。

(1) beginnen　　(2) vertreten　　(3) besetzen　　(4) erreichen

II 下線部の動詞を、使われている時制で人称変化させましょう。

(1) Wieso <u>geben</u> die Medien dem Thema so viel Raum?

(2) 82 Prozent der weiblichen Wahlberechtigten <u>gingen</u> damals zur Wahl.

(3) Immer noch <u>tragen</u> die Frauen die Hauptlast bei der Hausarbeit.

III 次の名詞句を1〜4格まで変化させましょう。

(1) die wahlberechtigten Frauen　　(2) viele Frauen

(3) die gleiche Arbeit　　(4) ihre männlichen Kollegen

IV 下線部に適切な前置詞を補いましょう。

(1) Warum brauchen wir ___ diesem Anlass eine Feierstunde im Bundestag?

(2) Frauen durften sich zum ersten Mal ___ einer Wahl beteiligen.

(3) Lange hatten die Frauen da___ gekämpft.

(4) Heute steht in Deutschland eine Frau ___ der Spitze der Regierung.

(5) Man muss bei seiner Entscheidung nicht ___ Beruf oder Familie verzichten.

V 本文の内容と一致しているものに×をつけましょう。

☐ (1) Die Gleichberechtigung von Frauen und Männern ist im Grundgesetz fest geregelt.

☐ (2) Angela Merkel ist 2005 Politikerin geworden.

☐ (3) In den Schulen bekommen Mädchen häufig bessere Noten als Jungen.

Gesellschaft

KAPITEL 3
Deutschlands politische Jugend

2018年8月スウェーデン議事堂前で抗議行動を行うグレタ・トゥンベリ

ドイツの若者と政治

　ドイツの若者は、昔は政治に非常に関心を持っていました。それは、どの党が政権を担うかにより政策が大きく変わったからです。たとえば、「産めよ、増やせよ」が信条のCDU/CSU（キリスト教民主・社会同盟）が与党になれば、児童手当が大幅に引き上げられ、労働者の味方のSPD（社会党）が与党になれば失業手当がアップするというように、直接自分の生活に影響があったので、政治に興味を持たざるを得ませんでした。連邦議会選挙の投票率は毎回90％近かったのです。

　ところが最近では、どの党も当たり障りのない中道左派路線で、公約も似たり寄ったりで性格がはっきりしないため、若者たちの政治離れが目立っていました。それに歯止めをかけたのが、スウェーデンの少女、グレタ・トゥンベリです。幼い頃から気候保護に興味を持ち、2018年の環境政策作文コンクール入賞を契機に本格的に活動を始めました。

　この年欧州は例年にない猛暑で、スウェーデン総選挙を3週間後に控え、COP21（気候変動枠組条約締約国会議）のパリ協定の目標「平均気温上昇1.5度未満」の実現を国に求め、「気候のための学校ストライキ」と称する抗議行動を議事堂前で行いました。総選挙後にも毎週金曜日に座り込みを続け、この「Fridays for Future」は世界中で大きな反響を呼び、ドイツでも約200箇所で総勢30万人を動員するデモに発展しました。

　この動きに刺激を受け、他の手段を用いて国の政治に抗議した若者もいます。欧州議会選挙の1週間前、26歳のユーチューバーRezoは55分にわたる長編ビデオを作製し、CDU政権の政策がいかに間違っていたかを列挙しました。約170万人がこの動画を見たといわれ、実際選挙の結果に大きく影響し、CDU/CSU、SPDには大きな痛手となりました。

3 Deutschlands politische Jugend

Die heutige Jugend sei unpolitisch und träge. Sie sei nur mit sich selbst beschäftigt und wolle vor allem Spaß haben. Diesen Vorwurf konnte man in Deutschland bis vor Kurzem häufig hören. Gerade jetzt zeigt sich ein großer Teil der deutschen Jugend aber von einer politisch sehr aktiven Seite.

„Wir sind hier, wir sind laut, weil ihr uns die Zukunft klaut." Inspiriert von der schwedischen Klimaaktivistin Greta Thunberg[1] demonstrieren Tausende Schüler immer freitags während der Unterrichtszeit. Sie sind wütend und frustriert. Sie fordern von der Politik radikale Maßnahmen, um die Klimakatastrophe[2] noch in letzter Minute abzuwenden. Die ältere Generation habe halbherzig, nicht rechtzeitig und nicht wirksam gehandelt. Nun seien die Existenzgrundlagen der Jungen bedroht. Das ist die Anklage. Aber nicht nur das Klimaproblem treibt die Jugend um. Umweltverschmutzung[3], Plastik in den Weltmeeren[4], Migration[5] und Altersarmut[6] sind ebenso wichtige Themen. Auch wehren sich die „Digital Natives"[7] gegen jede Beschränkung

---

1 Greta Thunberg「グレタ・トゥンベリ」2003年Stockholm生まれ。気候保護活動家で、毎週金曜「気候のための学校ストライキ」（Fridays for Future = FFF）というデモを企画。世界中の若者の共感を呼び広まった
2 die Klimakatastrophe「気候大災害、大天災」。このデモでは「世界で異常気象の被害が出ているのは、大人たちが充分な対応策を講じず地球の環境を壊したからで、次の世代が水際で最悪の事態を食い止めよう」と呼びかけている
3 Umweltverschmutzung「環境汚染」。地球サミット等で二酸化炭素の排出量を減らそうと取り決めても、拘束力が無いため危機感に乏しく、どの国も目標値を達成していない
4 Plastik in den Weltmeeren「大海のプラスチック」。海岸に打ち上げられた鯨の死体から大量のプラスチックごみが発見されるなど、土にかえらないプラスチックごみの処理が大きな社会問題になっている
5 Migration「移民」。紛争や貧困から逃れ、平和で豊かな生活を求めて移民が欧州に殺到し、受入れに苦慮している
6 Altersarmut「高齢者貧困」。社会保障制度がうまく回らず、豊かな老後をおくれる充分な年金を支給できなくなっている
7 die „Digital Natives"「デジタル・ネイティブ＝若い世代」。たとえばEUではインターネット情報の著作権保護を強化する改革を打ち出しているが、それにより検閲が厳しくなり言論の自由が損なわれるのではないかと心配している

Gesellschaft

der Freiheit im Internet. Insgesamt haben sie das Gefühl, dass sie nicht gehört und dass sie politisch ausgeschlossen werden. Sie wollen mitreden und fordern einen gerechten Ausgleich der gesellschaftlichen Lasten[8] zwischen den Generationen.

Der Protest wirkt. Kurz vor der Wahl zum Europaparlament[9] bekam das Video *Die Zerstörung der CDU*[10] des 26-jährigen Youtubers Rezo[11] mehr als elf Millionen Klicks. Darin kritisiert er überspitzt die Regierungspolitik der letzten Jahre. Tatsächlich bekommen die Volksparteien[12] kaum mehr Unterstützung von jungen Leuten. Bei der Europawahl gaben 34 Prozent der unter 25-Jährigen ihre Stimme den Grünen[13]. Die haben ihren Schwerpunkt in der Umwelt- und Klimapolitik. Im Übrigen interessiert sich die Jugend nicht sehr für Parteien. Lieber äußert und organisiert sie sich im Netz und unterstützt einzelne Projekte.

Die neue politische Jugend ist energisch und entschlossen. Es bleibt auch nicht bei Parolen[14]. Die Aktivisten legen konkrete Forderungen vor. Immer mehr junge Menschen versuchen zudem, selbst nachhaltiger zu leben und davon auch die Elterngeneration zu überzeugen.

8　ein gerechter Ausgleich der gesellschaftlichen Lasten「社会負担の公平な分担」。例えば少子高齢化で一人当たりの若い世代が扶養する老人の数が増えており、年金制度の見直しが求められている

9　das Europaparlament「欧州議会」。2019年5月23〜26日に5年に一度の改選が行われ、保守派(-34)、社会党系(-30) が大幅に票を落とし、中道左派(+39)、緑の党(+23)、右派(+36)、無所属(+36)が大躍進した

10　*Die Zerstörung der CDU*「CDUの破壊」。Rezoがカメラに向かって55分間しゃべりまくり、2005年から政権を担うCDUの政策がいかに間違っていたかを客観的根拠を加え列挙している

11　Rezo「レゾ」1992年Wuppertal生まれ。普段は音楽やお笑いの動画をウェブサイトに投稿しているが、今回珍しく政治的な長編ビデオを製作して欧州議会選挙の一週間前に発表したところ、1100万回のアクセスがあり、およそ170万人が見たと言われ大ブレイクした

12　die Volkspartei「国民政党」、国民に広く支持されている大政党。Rezoはビデオの最後に、これだけ悪政を行ってきたのだから、今度の欧州議会選挙でCDU/CSU、SPDには投票するなと言って締めくくっている

13　die Grünen「緑の党」。環境保護団体から発足した政党で、異常気象問題を最大のターゲットにする若者たちから大きな支持を得ている

14　Parolen「スローガン、モットー」。今の若者たちは確固たる支持政党を持つというよりは、何をやっているかという個別の政策に注目している。各党がどのような信念を持って政治活動を行っているかについてもあまり関心がない

Übungen

Ⅰ 次の動詞の3基本形を書きましょう。

(1) inspirieren   (2) handeln   (3) ausschließen   (4) geben

Ⅱ 下線部の動詞・助動詞を、使われている時制で人称変化させましょう。

(1) Die ältere Generation habe nicht wirksam gehandelt, meint sie.

(2) Nun seien die Existenzgrundlagen der Jungen bedroht, lautet ihre Anklage.

(3) Das Video von Rezo bekam mehr als elf Millionen Klicks.

(4) Die Volksparteien bekommen kaum mehr Unterstützung von jungen Leuten.

Ⅲ 次の名詞句を1～4格まで変化させましょう。

(1) die schwedische Klimaaktivistin   (2) ein gerechter Ausgleich

(3) junge Leute   (4) die neue politische Jugend

Ⅳ 下線部に適切な前置詞を補いましょう。

(1) Die heutige Jugend ist nur ___ sich selbst beschäftigt.

(2) Die Jugend wehrt sich auch ___ jede Beschränkung der Freiheit im Internet.

(3) Kurz vor der Wahl ___m Europaparlament produzierte Rezo ein Video.

(4) Die Jugend interessiert sich nicht sehr ___ Parteien.

(5) Die Jungen wollen nachhaltiger leben und die Elterngeneration da___ überzeugen.

Ⅴ 本文の内容と一致しているものに×をつけましょう。

☐ (1) Gerade jetzt sind die deutschen jungen Leute politisch sehr aktiv.

☐ (2) Die Jugend beschäftigt sich ausschließlich mit dem Klimaproblem.

☐ (3) In seinem Video lobte Rezo die Regierungspolitik der letzten Jahre.

KAPITEL 4
Männlich, weiblich, divers

男性、女性、多様

　ドイツでも2017年に同性婚が認められ、同性同士の結婚が法的にも異性同士の結婚とまったく同じ扱いになりました。教会関係者や保守的な人々は、なかなか従来の性観念から抜けられず混乱していますが、これは世界的な傾向なので、もはや後戻りすることはないでしょう。

　同性愛が社会的に認知されたことにより、これまでタブーとされてきた性の問題がオープンに語られるようになりました。それに力を得て、出生証明書や戸籍の性別欄に「男性」「女性」だけでなく第三の性「多様」の記入欄もつけ加えるべきだという訴えが連邦憲法裁判所に出されました。

　男女の区別は通常生物学的な特徴（性器）で判断されますが、実は見かけでは完全に識別できず、決め手は染色体です。ＸＹ染色体を持っていれば男性、ＸＸ染色体を持っていれば女性とされます。

　ハノーファー出身のVanjaは出生時に「女」と登録されましたが、後にインターセックスと判明しました。本人の自覚では男でも女でもなく、性別欄に記入できる選択肢がありません。これを不服として提訴し、連邦憲法裁判所が「違憲」の判決を下しました。この判決を受けて連邦議会は緊急に対応策を審議しました。争点になったのは、戸籍の性別を変更する場合、証明書の提出を求めるか否かです。激しい議論の末、染色体検査の結果に基づく医師の診断書が義務づけられました。

　そうすると生物学的な性がdiversでなければ対象にならず、トランスジェンダー（心の性と身体の性が一致しない）の場合は変更できません。国によっては診断書が無くても本人の意思で性別を変えることができます。ドイツも、第三の性の存在が認められたことで第一関門を突破し、自由意志で性別を決められる日が近い将来やってくるかもしれません。

4 Männlich, weiblich, divers

Die Natur ist vielfältig und bunt. Neben den beiden Geschlechtern männlich und weiblich gibt es eine ganze Reihe von Variationen. Unsere Gesellschaft mit ihren Normen nimmt darauf jedoch keine Rücksicht. Personen, deren Geschlecht sich nicht in die beiden Kategorien männlich oder weiblich einordnen lässt, fühlen sich übergangen und nicht repräsentiert. Das will eine neue Regelung in Deutschland nun ändern. Für intersexuelle Menschen[1] kann im Geburtenregister[2] zukünftig auch „divers"[3] eingetragen werden. In Deutschland könnten davon zwischen 80 000 und 160 000 Menschen betroffen sein. Die Angaben dazu sind sehr unterschiedlich.

Angefangen hatte alles mit der Klage eines intersexuellen Menschen namens Vanja[4]. Er war im Geburtenregister als Mädchen eingetragen worden, wollte diesen Eintrag aber in „divers" oder „inter" ändern lassen. Eine Chromosomenanalyse[5] zeigt, dass Vanja weder Mann noch Frau ist. Die Klage wurde in allen Instanzen abgewiesen. Erst das Bundesverfassungsgericht[6] entschied im Jahr 2017, dass deutsche Standesämter[7] ein drittes Geschlecht

---

1 intersexuelle Menschen「間性（性的中間形態）の人々」。生物学的な性別特徴（性器）が明確に男性か女性か識別できない人々。性別判断は意外に難しく、自他共に女性と思っていた人が体内に睾丸があり実は男性だった場合がある

2 das Geburtenregister「出生届」。新生児の性別を確定できない場合、以前は出生届で無理矢理男・女いずれかを決めさせていたが、2013年から空欄で届け出ることが可能になった。公にならない場合が多いので確かな数は不明だが、ドイツで8～16万人該当者がいると見られる

3 „divers"「多様な」。あるいは „inter"「中間の」。これからは出生届のみならず、性別を問う書類において männlich, weiblich, divers の欄が設けられることになる

4 Vanja「ヴァニア」、1989年 Hannover 生まれ。出生届は女性で提出されたが、染色体検査でXX、XYのどちらでもないX1つのみの染色体が見つかった。第三の性の社会的認知を求めて地裁、連邦裁に訴えたがいずれも棄却され、連邦憲法裁判所の判断を求めた

5 eine Chromosomenanalyse「染色体分析」。ヒトの性別は生物学的に染色体で決定され、XY染色体を持っていれば男性、XX染色体を持っていれば女性と識別される

6 das Bundesverfassungsgericht「連邦憲法裁判所」。Karlsruhe にあり、合憲か否かだけを判断する。性別を記入する欄が無いのは差別に相当するという判決を出し、対策を講ずるよう連邦政府に命じた

7 deutsche Standesämter「ドイツの戸籍局」。市町村役場の中で戸籍に関する業務を専門に管理する部署で、出生届はここに提出される。第三の性の申請登録も戸籍局が担当することになる

zulassen müssen. Bisher gab es nur die Möglichkeit, auf die Angabe des Geschlechtes ganz zu verzichten, wenn eine Zuordnung zum männlichen oder weiblichen Geschlecht nicht möglich war. Die Karlsruher Richter sahen darin eine Diskriminierung und eine Verletzung des Persönlichkeitsrechts[8]. Deshalb hat der Bundestag ein neues Gesetz verabschiedet. Seit dem 1.1. 2019 ist nun der Eintrag „divers" in die Geburtsurkunde[9] eines Neugeborenen erlaubt. Außerdem kann man die Angabe zum Geschlecht und den Vornamen auch noch zu einem späteren Zeitpunkt ändern lassen. Dazu ist allerdings eine ärztliche Bescheinigung[10] nötig.

Kritiker finden diese Nachweispflicht entwürdigend. Sie verlangen mehr Selbstbestimmung[11] für die betroffenen Personen. Sie bemängeln auch, dass „divers" nur ein Sammelbegriff für ganz unterschiedliche Erscheinungsformen des biologischen Geschlechts[12] ist. Viele sind enttäuscht, dass Transsexuelle[13] bei der Neuregelung nicht berücksichtigt werden. Tatsächlich gibt es Länder, in denen jeder sein Geschlecht ganz unkompliziert nach eigenem Wunsch und Empfinden eintragen lassen kann: Australien, Argentinien, Dänemark und Malta gehören dazu.

---

8 das Persönlichkeitsrecht「人権」。性別欄に該当項目がない状況は、男女の識別が難しい人からアイデンティティーを示す機会を奪い、人権を損なうことになると連邦憲法裁判所は判断した
9 die Geburtsurkunde「出生証明書」。性別欄があるすべての書類にdiversを加えることになり、その費用と手間は膨大だが、連邦憲法裁判所の判決には従わねばならず、2019年1月1日から新しい文書に切り替えられることになった
10 eine ärztliche Bescheinigung「医師の診断書」。出生届に書かれた性別と名前を後日変更することも可能だが、医師の診断書が必要になる。2019年5月の段階で、新法により戸籍の性を男→女、女→男に変更した人は約250名、diversにした人は69名、名前を変更した人は355名いた
11 Selbstbestimmung「自己規定」。性別判断の診察を受けることは非常に大きなストレスになる。自分の身体は本人が一番良く解っているのだから、本人の自己判断に任せるべきだと主張し、診断書の提出義務に反対する人もいる
12 das biologische Geschlecht「生物学上の性」。しかも診断書の提出を義務づければ、生物学的にdiversである場合しか認められず、トランスジェンダーなどが排除され、第三の性の適用範囲を狭めることになる
13 Transsexuelle「トランスジェンダー」。心の性（性同一性）と身体の性（生物学的性）が一致しない状態。生物学上の性は出生時に識別された性別で、医師の診断を受けても変わらないので、diversとは認められない

Übungen

Ⅰ 次の動詞の 3 基本形を書きましょう。

(1) eintragen　　(2) betreffen　　(3) verabschieden　(4) enttäuschen

Ⅱ 下線部の動詞を、使われている時制で人称変化させましょう。

(1) Unsere Gesellschaft nimmt darauf keine Rücksicht.

(2) Das Bundesverfassungsgericht entschied das im Jahr 2017.

(3) Die Richter sahen darin eine Verletzung des Persönlichkeitsrechts.

Ⅲ 次の名詞句を 1〜4 格まで変化させましょう。

(1) eine neue Regelung　　　　(2) ein intersexueller Mensch

(3) ein drittes Geschlecht　　　(4) ein späterer Zeitpunkt

Ⅳ 下線部に適切な前置詞を補いましょう。

(1) Es gibt eine ganze Reihe ___ Variationen.

(2) Unsere Gesellschaft nimmt dar___ keine Rücksicht.

(3) Angefangen hatte alles ___ der Klage von Vanja.

(4) Bisher konnte man nur ___ die Angabe des Geschlechtes ganz verzichten.

(5) Australien gehört ___ den Ländern, in denen jeder sein Geschlecht unkompliziert eintragen lassen kann.

Ⅴ 本文の内容と一致しているものに×をつけましょう。

☐ (1) Der Chromosomenanalyse nach ist Vanja eine Frau.

☐ (2) Die Kritiker sind gegen die Nachweispflicht.

☐ (3) Es gibt Länder, in denen man ohne Nachweis sein Geschlecht eintragen lassen kann.

Intermezzo

KAPITEL 1-4

I Wer ist das?

1.

2.

3.

4.

5.

☐ Rezo

☐ Angela Merkel

☐ Greta Thunberg

☐ Franziska Giffey

☐ Wolfgang Schäuble

II Was ist das?

1.

2.

3.

4.

☐ Beurkundungsseite der Verfassungsurkunde

☐ Plenarsaal des Europäischen Parlaments in Straßburg

☐ „divers" ist dritte Geschlechtsoption

☐ das Bundesverfassungsgericht in Karlsruhe

Wirtschaft

KAPITEL 5
Wohnungsnot und hohe Mieten

ベルリンで行われた、家賃の高騰に反発した抗議デモ

住宅不足と家賃の高騰

　ドイツでもだいぶ前から若者たちが大学を選ぶ時に、大都市へ行きたがる傾向がありました。大学入試は無く、Abitur（高校卒業資格試験）に合格すれば大学入学資格も得られ、基本的にどこの大学にも入学することができます。ただ定員に限りがあり、選抜が必要な場合にはAbiturの成績が考慮されます。大学を選ぶに際してはもちろん自分がやりたい勉強の環境が整っている大学かどうかが一番大事ですが、特にこだわりがない場合には、大都市を選ぶ学生が多いようです。

　学生寮は市のStudentenwerk（学生相互扶助会）が管理していて、様々な部屋がありますが、ドイツ人の学生は、寮だとプライバシーを守りにくい上に、住める年数に限りがあるため、何人かと共同で市内に一般のアパートを借りて家賃を頭割りするハウスシェア（Wohngemeinschaft = WG）をしています。部屋は個室がありますが、台所・浴室・トイレは共有です。

　学生だけでなく就職して社会人になっても、独身者の多くはWGで暮らしています。ワンルームマンションのような小さな部屋がなく、家賃が最も高い町ミュンヘンでは月1000ユーロ以上するので、とても一人では借りられないのです。フェイスブックなどで募った知らない者同士の同居で、普段顔を合わせることもほとんどなく、家賃だけ頭割りするようですが、ミュンヘンに月300ユーロ程度で住めるのですから文句は言えません。

　昔は「ドイツ人は通勤に30分以上かかる所には働きに行かない」というほど住まいと職場が近かったのですが、職場が都市部でも家賃が高くて住めないので、通勤に1時間を要するのは許容範囲になりました。一番問題なのは、大都市のアパートで一人暮らしをする年金生活者で、払えないほど家賃が上がってしまうのではないかと不安に思っています。

5 Wohnungsnot und hohe Mieten

Die Zeiten sind vorbei, in denen man in einer Stadt nach einer schönen Wohnung suchte, nach einer, die den eigenen Vorstellungen entsprach. Heute suchen die Menschen in den großen Städten[1] verzweifelt irgendeine bezahlbare Wohnung. Etwa die Hälfte der deutschen Bevölkerung[2] wohnt zur Miete. In den Ballungsräumen[3] fehlen Mietwohnungen, die Kosten dafür klettern in die Höhe. Besonders betroffen davon sind die Städte München, Frankfurt, Stuttgart, Berlin und Hamburg. München ist die teuerste Stadt Deutschlands. Hier kostet ein Quadratmeter Wohnfläche[4] inzwischen fast 12 Euro Miete monatlich. In Berlin sind es immerhin knapp sieben Euro. Dafür hat die Bundeshauptstadt die höchste Mietpreissteigerung[5]: beinahe 100 Prozent in den letzten zehn Jahren.

Was sind die Gründe für die hohen Mietpreise? Junge Menschen strömen in die Städte. Fast die Hälfte eines Jahrgangs beginnt ein Studium. Dazu ziehen die Studienanfänger in die Metropolen und versuchen auch,

---

1　**die großen Städte**「大都市」。地方分権国家のドイツでは人口 100 万人以上の都市は 4 つ（Berlin, München, Köln, Hamburg）しかなく、60 万人を超えれば大都市と見なされる。Frankfurt が 75 万人、Stuttgart が 63 万人

2　**die Hälfte der deutschen Bevölkerung**「ドイツ国民の半数」。ドイツの人口は 8300 万人で、持家率は 47.5%。それ以外の人は賃貸住宅に住み、毎月家賃を支払っている

3　**die Ballungsräume**「人口密集地区、大都市圏」。連邦建設省の試算では年間 35 ～ 40 万戸（うち 8 万戸が公営住宅）を新築する必要があるが、毎年目標を下回り、2016 年の新築家屋は 27.8 万戸（うち 2.45 万戸が公営住宅）だった

4　**ein Quadratmeter Wohnfläche**「居住面積 1 平米」。住宅（新築以外）の 1 ヶ月の家賃（暖房・温水費抜き）を部屋の面積で割った数字。2019 年発表の統計で München が最も高く、次いで Frankfurt、Stuttgart の順だった

5　**die Mietpreissteigerung**「家賃上昇率」。Berlin は 1 平米当たり 7 ユーロ弱だが、10 年前は約 3.5 ユーロだった。1990 年再び首都になって以来急ピッチで開発が進められ、首都機能も移されて、住宅の需要が一気に高まった

6　**die Landflucht**「離村」。昔は地方分権の利点が活かされ、地元の学校に通い、大学などで一旦故郷を離れても戻って地元で就職し、家庭を構えたが、最近はドイツでも大都市に人が集まり、地方の過疎・高齢化が進んでいる

Wirtschaft

später dort zu bleiben. Die Landflucht[6] ist insgesamt ein Problem. Städte bieten mehr Perspektiven und eine bessere Infrastruktur[7]. Die Konkurrenz um den knappen Wohnraum ist hoch. Viele Wohnungen gehören zudem nicht mehr den Kommunen[8], sondern großen Wohnungsunternehmen. Diese Konzerne steigern ihre Rendite[9] durch Mieterhöhungen, die sie häufig durch Modernisierungen[10] rechtfertigen. Mit diesen Renditen bedienen sie die Aktionäre. Der Profit zählt, der soziale Aspekt nicht.

Empört über den Notstand demonstrierten die Berliner gegen den „Mietenwahnsinn". Eine Bürgerinitiative startete ein Volksbegehren[11], um Immobilienriesen mit mehr als 3 000 Wohnungen zu enteignen. Die Politik hält von dieser Methode aber nichts. Sie versucht, mit Mitteln wie der Mietpreisbremse[12] gegenzusteuern. Die ist aber umstritten, weil sie nur für Neuvermietungen gilt. In vielen Mietsituationen ist sie gar nicht anwendbar. Ab 2020 ist ein neues Wohngeld[13] für Leute mit geringem Einkommen geplant. Solche Maßnahmen schaffen jedoch keinen neuen Wohnraum. Da hilft wohl nur bauen, bauen, bauen. Günstige Wohnungen und Sozialwohnungen[14] vor allem. Auch muss der ländliche Raum wieder attraktiver gemacht werden.

---

7   eine bessere Infrastruktur 「より良いインフラ、社会の基礎的施設」。田舎より仕事があるし、学校・病院・交通網などのインフラストラクチャーも充実しており、若者たちは将来の見通しを考えて大都市に住みたがる
8   die Kommunen 「地方自治体」。公営住宅も一定期間を過ぎると民間に払い下げられる。大手不動産会社が買い上げ、高級なアパート・マンション・建売住宅に建て直し、家賃の高騰を招いている
9   die Rendite 「利回り、利ざや」。不動産会社は建設した住宅のオーナー（株主）を募り、株主は家賃収入の一定利率を利益として得る。家賃を上げれば株主に入る利益も増える
10 Modernisierungen 「改築、リフォーム」。不動産会社は頻繁に住宅を改築し、「リフォームして快適になったから」という理由で家賃を引き上げる
11 ein Volksbegehren 「国民請願」。2019年4月6日 Berlin で悪徳不動産会社に抗議するデモが行われ4万人が集まった。署名活動で3千戸の住宅を大手不動産会社から没収し市民に提供するよう求めたが、市当局はこれに応ずるつもりはない
12 Mietpreisbremse 「家賃規制」。連邦政府は「新規で賃貸契約を結ぶ場合、該当地域の相場より10％以上高い家賃を設定してはならない」という制限を設けた。しかしこれは新規契約の場合だけで、現状にはあまり効果がない
13 ein Wohngeld 「住宅手当」。連邦政府は低所得者と年金生活者を対象に支給されている住宅手当を、2020年以降これまでの145ユーロから190ユーロに引き上げると発表した
14 Sozialwohnungen 「公営住宅」。低所得者向けに国の主導で建設する住宅で、国が補助するため家賃も安い

Übungen

Ⅰ 次の動詞の3基本形を書きましょう。

　(1) entsprechen　　(2) starten　　(3) rechtfertigen　　(4) planen

Ⅱ 下線部の動詞・助動詞を、使われている時制で人称変化させましょう。

　(1) Die Politik hält von dieser Methode aber nichts.

　(2) Da hilft wohl nur bauen, bauen, bauen.

　(3) Auch muss der ländliche Raum wieder attraktiver gemacht werden.

Ⅲ 次の名詞句を1〜4格まで変化させましょう。

　(1) eine schöne Wohnung　　　　(2) die eigenen Vorstellungen

　(3) die deutsche Bevölkerung　　(4) große Wohnungsunternehmen

Ⅳ 下線部に適切な前置詞を補いましょう。

　(1) Früher konnte man in einer Stadt ＿ einer schönen Wohnung suchen.

　(2) Etwa die Hälfte der deutschen Bevölkerung wohnt ＿r Miete.

　(3) Was sind die Gründe ＿ die hohen Mietpreise?

　(4) Die Berliner demonstrierten ＿ den „Mietenwahnsinn".

　(5) Die Mietpreisbremse ist aber umstritten, weil sie nur ＿ Neuvermietungen gilt.

Ⅴ 本文の内容と一致しているものに×をつけましょう。

　☐ (1) In Deutschland ist die Miete in München am höchsten.

　☐ (2) In Deutschland studieren fast alle, die das Abitur gemacht haben.

　☐ (3) Die Politik hält von der Mietpreisbremse nichts.

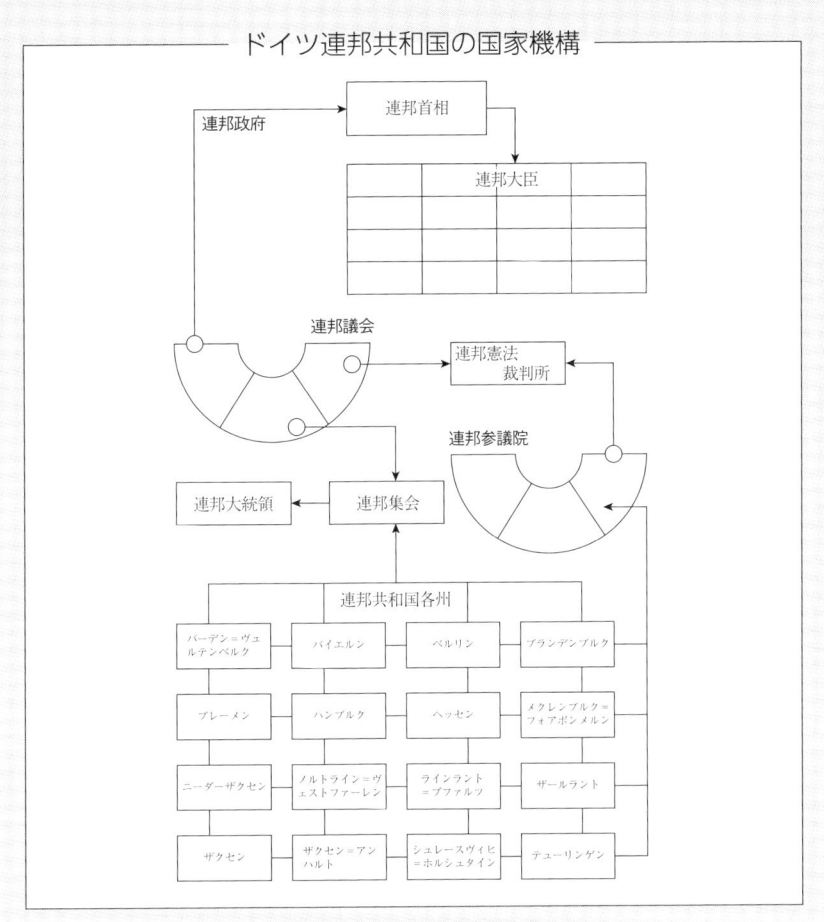

```
┌─────────────────────────────────────────────┐
│         ドイツ連邦共和国の国家機構              │
│                                             │
│               ┌──────────┐                  │
│     連邦政府 → │ 連邦首相 │                   │
│               └─────┬────┘                  │
│                     ↓                       │
│           ┌─────────────────────┐           │
│           │      連邦大臣       │           │
│           ├─────┬─────┬─────┬──┤            │
│           │     │     │     │  │            │
│           └─────┴─────┴─────┴──┘            │
│                                             │
│       連邦議会        ┌──────────┐          │
│      ╱─────╲   →     │ 連邦憲法 │           │
│     ○     ○          │ 裁判所   │           │
│     ╲─────╱          └──────────┘          │
│         ↓         連邦参議院                 │
│                    ╱─────╲                  │
│  ┌──────┐ ┌──────╲○     ○╲                 │
│  │連邦  │←│連邦  │╲─────╱                   │
│  │大統領│ │集会  │                          │
│  └──────┘ └──────┘                         │
│              ↑                              │
│        ┌──────────┐                         │
│        │連邦共和国各州│                      │
└─────────────────────────────────────────────┘
```

ドイツの国家機構

　ドイツ連邦共和国は16の州からなる連邦国家で、各州が強い自治権を持ち独自の行政を行っていますが、外交や国防など国全体で決めなければいけない領域では、連邦が立法権を持っています。国会は連邦議会と連邦参議院の2院制で、連邦議会は国民の直接自由選挙で選ばれ、連邦参議院は各州の代表によって構成されます。総ての法案は連邦議会で審議され、各州の利害に関わる法案については連邦参議院の同意が求められます。連邦議会から連邦首相が選ばれて組閣名簿を作成し、連邦閣僚が選ばれます。閣僚を任命する連邦大統領は、政治の実権はありませんが、国家元首として国を代表します。5年に一度連邦議会議員、ならびに同数の各州議会代表を召集して連邦集会が開かれ、選挙で選ばれます。連邦と同じように各州でも、州民の直接自由選挙で州議会議員が選ばれ、州首相と州閣僚からなる州政府を形成します。

　連邦議会・州議会の選挙は小選挙区・比例代表併用制で、有権者は2票を持っており、第1票は個人名、第2票は政党名を記入します。各小選挙区で最多票を獲得した候補は、候補者名簿の何位にいても当選します。さらに小党分立を避けるために5％条項が設けられており、有効票数の5％、ないし3選挙区以上でトップ当選者を得られなかった党は第2票の議席配分をうけられません。政治は個人では動かせないという考えが浸透しているのと、1920年代にあまりに多くの少数政党が乱立し、強力な安定政権が生まれなかったために、結果的にナチの台頭を許してしまったという反省から、1953年の連邦議会選挙から導入されました。

EU（欧州連合）のしくみ

EU加盟国地図

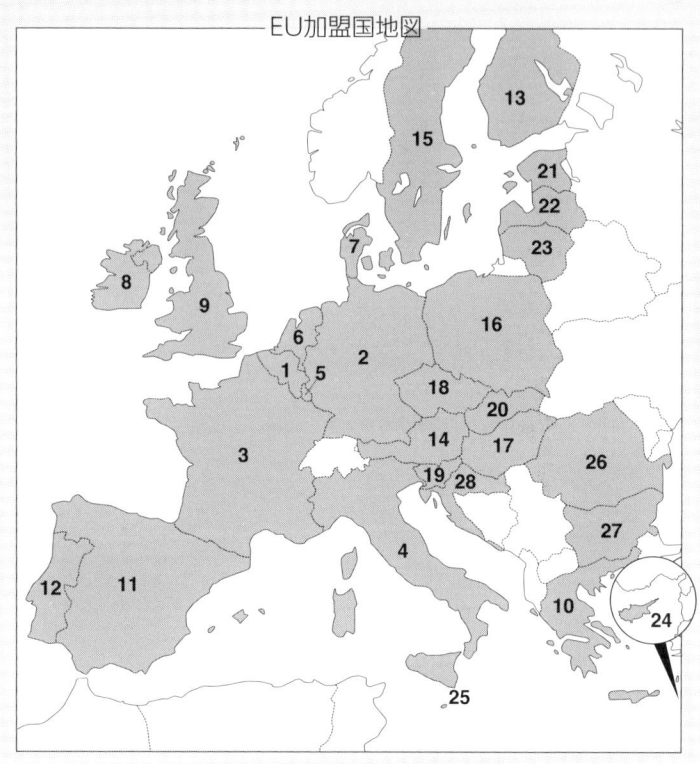

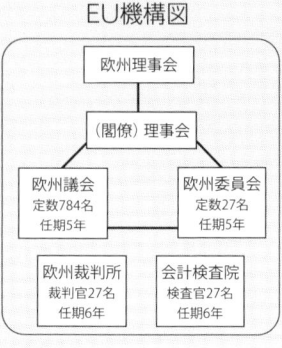

EU機構図

```
        欧州理事会
            │
        (閣僚)理事会
         │      │
    欧州議会    欧州委員会
   定数784名    定数27名
   任期5年      任期5年

    欧州裁判所    会計検査院
   裁判官27名    検査官27名
   任期6年       任期6年
```

現加盟国(28カ国) 2019年9月現在

1.ベルギー	15.スウェーデン
2.ドイツ	16.ポーランド
3.フランス	17.ハンガリー
4.イタリア	18.チェコ
5.ルクセンブルク	19.スロベニア
6.オランダ	20.スロバキア
7.デンマーク	21.エストニア
8.アイルランド	22.ラトビア
9.イギリス＊	23.リトアニア
10.ギリシャ	24.キプロス
11.スペイン	25.マルタ
12.ポルトガル	26.ルーマニア
13.フィンランド	27.ブルガリア
14.オーストリア	28.クロアチア

＊2019年9月現在、EU離脱を協議中

「欧州諸国は国ごとに繁栄を保証するにはあまりに小さすぎるため、経済共同体を取り込んだ一種の連邦を成すべきである」というフランスのジャン・モネの提唱で、戦後ヨーロッパの石炭と鉄鋼の生産を管理する欧州石炭鉄鋼共同体（ECSC）が1952年に設立されました。これが後に欧州共同体（EC）に発展しますが、第7代EC委員長のジャック・ドロールが、経済面のみならず政治面でも意見を統一する欧州統合計画を発表。「どこに住むのも、どこで働くのも自由なヨーロッパ」を目指して1992年に12カ国がマーストリヒト条約に調印し、欧州連合（EU）が誕生しました。EUの旗に12の星がついているのはこの時の加盟国の数を示しています。各国の思惑が錯そうして困難を極めた統合計画でしたが、2002年に加盟15カ国のうち11カ国が欧州共通通貨ユーロを導入すると一挙に加速。2016年9月の段階でEU加盟国は28カ国となり、ユーロを導入している国も19カ国に増えました。

EUの最高協議機関は欧州理事会で、各国首脳とEU委員長が出席して通常年4回開かれ、EUの一般的政治指針や共通外交安全保障政策を話し合います。具体的な議案の立法決定権は閣僚理事会にあり、議案に関連する分野の各国閣僚たちが随時集まって協議します。議案を提出し、理事会の決定を執行するのが欧州委員会（EU委員会）。委員の任期は5年で、各国から推薦されます。欧州議会は、EC時代には理事会や委員会に助言を与える諮問機関にすぎませんでしたが、EUになってから権限が強化され、幾つかの特定分野では閣僚理事会と共同で立法決定権を持つようになりました。理事会の議長国が交替する時も欧州議会で就任式が行われます。事務局はルクセンブルクにありますが、本会議は毎月1週間ストラスブールで開かれます。議員は各国を一つの選挙区とする加盟国民の直接選挙で選ばれ、任期は5年です。国別ではなくその議員が所属する政党の志向別に会派を組織し、社会党、欧州民衆党＝キリスト教民主グループ、欧州民主党、共産党、欧州進歩民主党などがあります。

Umwelt

KAPITEL 6
EU beschließt Plastikverbot

インドネシアの海岸に打ち上げられた鯨の死体

EU プラスチック禁止令を採択

　海岸に打ち上げられた鯨の死体から夥しい量のプラスチックごみが発見され、世界中の人々がショックを受けています。餌と間違えて食べて空腹感がないために餓死した可能性があります。こうした鯨の死体は何頭も見つかり、世界の海にいかに多くのプラスチックごみが漂っているかを思い知らされました。

　プラスチック自体は有害ではありませんが、有害物質が付着し蓄積される恐れがあります。環境の中で土に還ったり溶けたりしにくく、なかなか消えないので、一旦海に入れば長い時を超えて漂流します。1mm以下に粒状化したマイクロプラスチックも、貝や魚の体内から見つかりました。マイクロプラスチックがどれほど人体に影響を与えるかについては、今後の研究を待たなければなりませんが、いずれにせよプラスチックごみを減らさねばならないということは確かです。

　このような事態を受けてEUは、2021年から他の材質でも作れる使い捨てのプラスチック製品10品目を禁止すると発表しました。これにより欧州の海岸に漂着するプラスチックごみの70%を減らすことができると計算しています。さらにペットボトルの再生利用を徹底させ、2030年までにほぼ100%のリサイクル率にするということです。

　有害廃棄物の国境を越える移動等を規制するバーゼル条約には187カ国が締約しており、そのうち180カ国がプラスチックごみの輸出取締りを強化することで合意しました。輸入国のリサイクル設備建設を支援し、世界のプラスチック製造量そのものを減らす努力をするということです。しかしプラスチック発祥の地アメリカは、国内産業への影響を理由にバーゼル条約を批准していません。

　たしかにコストの安いペットボトルや使い捨て容器に慣れている現状で、生産者に他の材質を求めるのはかなりの負担でしょう。なによりも消費者の意識が変わらないと実現は難しいと思われます。

6 EU beschließt Plastikverbot

Kunststoffe[1] sind aus unserem Leben nicht mehr wegzudenken. Sie sind praktisch, günstig, langlebig, vielseitig und flexibel. Es gibt kaum einen Bereich im Alltag, wo diese Materialien keine Rolle spielen. Ihre massenhafte Produktion und der verantwortungslose Umgang mit dem Plastikmüll[2] sind allerdings zu einer Gefahr für Natur, Klima, Tiere und Menschen geworden. Nun hat die Europäische Union[3] ein Verbot ausgesprochen: Ab 2021 darf Einwegplastik[4] nicht mehr hergestellt und verkauft werden, wenn es Alternativen dafür gibt.

Die Lage ist dramatisch. Gigantische Müllteppiche treiben in den Weltmeeren[5]: 100 Millionen Tonnen Abfall nach Angaben der Vereinten Nationen[6]. Er besteht zum größten Teil aus Plastik und gelangt aus den großen Flüssen in die Ozeane. Bilder eines toten Wals[7] schockierten die Öffentlichkeit. Er war in Indonesien gestrandet. In seinem Magen fand man 115 Plastikbecher, 25 Plastiktüten, vier Plastikflaschen, zwei Flipflops und über tausend weitere Plastikteile. Experten erwarten, dass es bis

---

1 **Kunststoffe**「プラスチック、合成樹脂」。1835年塩化ビニルの粉末が発見されたのが最初で、アメリカで開発・工業化され、第二次世界大戦後石油化学の発達で様々な合成樹脂が作られるようになった
2 **der Plastikmüll**「プラスチックごみ」。プラスチックは環境中で簡単には分解されないため、一旦海に流れ出てしまうと漂流し続ける。漂着した海岸の景観を損なうだけでなく、海の生物が餌と間違えて食べ、体内に蓄積される危険がある
3 **die Europäische Union**「欧州連合＝EU」。欧州統合計画に基づき、経済協力同盟のEC共同体の権限を強化して1992年に誕生した。現在加盟28カ国（イギリスは離脱を表明しているがまだ実施に至っていない）
4 **Einwegplastik**「使い捨てプラスチック」。欧州の海岸に漂着したプラスチックごみを分析すると、その70％がファストフードの包装類、ペットボトル、綿棒、風船の棒だったという
5 **die Weltmeere**「大海洋」。定義は時代や場所によって異なるが、一般的には北極海、太平洋、大西洋、インド洋、南氷洋の5つに区分され、それぞれが接続し地球上の海の主要領域を占めている
6 **die Vereinten Nationen**「国連」。国連の調査によると、現在海を漂うプラスチックごみの量は1億tで、毎年800万t増えている
7 **ein toter Wal**「死んだ鯨」。インドネシア・スラウェシ州ワカトビ国立公園のカポタ島海岸で大量のプラスチックごみを誤食した鯨の死体が打ち上げられた。他にもシチリアやフィリピンの海岸で同じ状態・死因の鯨が発見されている

2050 mehr Plastik als Fische in den Meeren geben wird. Über die Nahrungskette gelangt Mikroplastik[8] auch in den menschlichen Magen.

Wie kommt es zu dieser Situation? Wird der Kunststoff nicht recycelt? Leider nur sehr wenig davon. Auch in Deutschland ist das so. Die Deutschen sind zwar Weltmeister in der Mülltrennung[9], aber nur etwa 16 Prozent des Plastiks werden wirklich wiederverwertet. Der Rest wird verbrannt oder in südostasiatische Länder[10] exportiert, wo er in ungesicherten Deponien ebenfalls zur Gefahr für Menschen, Tiere und Umwelt wird. Über 180 Länder haben sich nun auf schärfere Regeln für den weltweiten Export von Müll[11] geeinigt. Außerdem gab es im japanischen Karuizawa ein Treffen der Umweltminister der G20-Länder[12]. Sie haben Maßnahmen beschlossen, durch die der Plastikmüll verringert werden könnte. Die sind allerdings freiwillig[13].

All dies sind erste Schritte in die richtige Richtung. Ob in Zukunft Plastikmüll vermieden wird, hängt vor allem vom Verhalten der Verpackungsindustrie und der Verbraucher ab – in der EU und auf der ganzen Welt.

8　Mikroplastik「マイクロプラスチック」、環境中に存在する微小な（1mm ないし 5mm 以下）プラスチック粒子。分解されないため海洋生物の体内に蓄積され、食物連鎖で最終的に人体に影響する可能性がある

9　die Mülltrennung「ごみ分別」。ドイツは世界に先駆けてごみ分別とリサイクルに積極的に取り組んできたが、実際に再生利用されているプラスチックごみは全体の 16％にすぎないというレポートもある

10　südostasiatische Länder「東南アジア諸国」。2018 年これまで再利用目的で大量のプラスチックごみを受け入れてきた中国が輸入を制限するようになり、十分なリサイクル設備を持たない東南アジア諸国への輸出が増えた

11　der Export von Müll「ごみの輸出」。2019 年 5 月プラスチックごみの輸出規制協定（バーゼル条約）を強化する国連の取り決めに 180 カ国が合意したが、アメリカは不参加だった

12　G20「20 カ国・地域首脳会合」。主な産業先進・新興国 19 カ国＋ EU で持たれている国際会議。第 14 回目は初めて日本で開催された。首脳会合は大阪だが、「持続可能な成長のためのエネルギー転換と地球環境に関する関係閣僚会議」は軽井沢で開かれた

13　freiwillig「自由意志の」。「G20 海洋プラスチックごみ対策実施枠組」(削減に向けた行動計画を定期的に報告・共有する取り決め) が合意されたが、具体的な数値目標は設定されていない

Übungen

I 次の動詞の3基本形を書きましょう。

(1) aussprechen   (2) verkaufen   (3) recyceln   (4) vermeiden

II 下線部の動詞・助動詞を、使われている時制で人称変化させましょう。

(1) Bilder eines toten Wals <u>schockierten</u> die Öffentlichkeit.

(2) Es <u>wird</u> bis 2050 mehr Plastik als Fische in den Meeren geben.

(3) Durch die Maßnahmen <u>könnte</u> der Plastikmüll verringert werden.

III 次の名詞句を1〜4格まで変化させましょう。

(1) ihre massenhafte Produktion   (2) ein toter Wal

(3) südostasiatische Länder   (4) die richtige Richtung

IV 下線部に適切な前置詞を補いましょう。

(1) Der verantwortungslose Umgang ___ dem Plastikmüll gefährdet die Natur.

(2) 100 Millionen Tonnen Abfall bestehen zum größten Teil ___ Plastik.

(3) Wie kommt es ___ dieser Situation?

(4) 180 Länder haben sich ___ schärfere Regeln für den Export von Müll geeinigt.

(5) Das hängt ___m Verhalten der Verpackungsindustrie und der Verbraucher ab.

V 本文の内容と一致しているものに×をつけましょう。

☐ (1) Das Leben ohne Kunststoffe ist heutzutage nur schwer denkbar.

☐ (2) Mikroplastik bleibt nur in den Tiermägen.

☐ (3) Deutschland hat als erstes Land der Welt mit der Müllsortierung angefangen.

Freizeit

KAPITEL 7

Im Land der Heimwerker

チェーン展開しているホームセンターのひとつ、toom

日曜大工の国で

　ドイツの街並みはどこも調和がとれていて綺麗ですが、あの美しい外観は非常に努力して保たれているもので、壁や屋根の色から窓の大きさまで、事細かに決められているのです。外観は自由になりませんが、内装は自己表現のチャンスとばかりに好みに合わせて自分の世界を作り上げます。

　土台と大枠だけプロの大工さんに作ってもらい、内装は自分でやるというドイツ人も少なくありません。ホームセンターで道具や資材を買い込み、暇な時間を見つけて大工仕事に勤しみます。年6週間の有給休暇を完全に使い切り、平均労働時間が週26.21時間と短く、残業や同僚との飲み会もなく真っ直ぐ帰宅しますから、働いている人も余暇がたくさんあるのです。専門雑誌や、YouTubeなどインターネットの情報を駆使し、世界に1つだけの作品を作り上げます。

　根本的にドイツ人は手作りが好きです。衣食住すべてにおいて、既製品ではなく自分で作ったものを好みます。倹約家ということもありますが、誰もがドイツ人特有の職人気質を多かれ少なかれ持っているからでしょう。

　昔はどの職種にも親方制度がありました。まず見習い（Lehrling）として職業訓練を受け、一人前の職人（Geselle）の資格を得て数年間働くと親方（Meister）の試験を受けられる資格が得られます。親方の養成は各業種組合が行い、研修に4～6年を要し、5～7日をかけて試験を行います。ドイツの親方なら絶対不可欠という高いレベルの知識と技術が求められます。

　現在94種の手工業マイスターがあり、そのうち41種で開業するのにMeisterbriefが必要です。ドイツ製品が世界的に高い評価と信頼を得ているのは、そのような徹底した職人育成が行われているからなのです。

7 Im Land der Heimwerker

Fragt man nach den drei größten Leidenschaften der Deutschen, so bekommt man häufig als Antwort: Auto, Fußball und Heimwerken[1]. Andere Nationen wundern sich darüber, dass die Deutschen ihre Freizeit gern mit Hämmern, Bohren und Streichen verbringen. An den Samstagen ziehen sie durch die zahlreichen Bau- und Gartenfachmärkte[2]. Daheim bauen sie Regale, verlegen Fußböden oder streichen die Wände.

Die Fünfzigerjahre waren die Zeit des Wiederaufbaus nach dem Krieg. Aus den USA kam der Do-it-yourself-Trend[3] nach Deutschland. Statt Handwerker zu bezahlen, griffen immer mehr Leute selbst zum Werkzeug. Es erschien schon damals eine eigene Zeitschrift für Heimwerker mit dem Titel *Selbst ist der Mann*[4]. In den Sechziger- und Siebzigerjahren wurden viele Baumärkte gegründet. Hier gab es alle Materialien, die ein Bastler für sein Hobby braucht: für die Laubsägearbeit[5] ebenso wie für die Altbaurenovierung[6]. In den Achtzigerjahren hatte die Begeisterung ihren Höhepunkt erreicht und sie hält bis heute an.

---

1 **Auto, Fußball und Heimwerken**「車、サッカー、日曜大工」、ドイツ人の好きなものトップ3。世界で初めて車を作った国ということもあり車好きで有名。サッカーは国技と言われるほど最も人気のスポーツ。職人の国としても有名で、手仕事が大好き

2 **die Bau- und Gartenfachmärkte**「資材・園芸量販店、ホームセンター」。1960年 Heinz-Georg Baus が Mannheim にドイツ初の Baumarkt を創設。以来続々と増えて現在4千店以上あり、そのうち約2千5百店が千㎡以上の広さを持つ

3 **der Do-it-yourself-Trend**「ドゥ・イット・ユアセルフ（略して DIY）の流行」。1950年代イギリスで始まった芸術・手芸運動で世界中に広まった。ドイツの Baumarkt はアメリカの Hardware Store を真似ている

4 *Selbst ist der Mann*「自分でやってこそ男だ」、1957年創刊の DIY 関連の月刊雑誌（出版社：Bauer Media Group）。発行部数 61,073 部、85万人が愛読している

5 **die Laubsägearbeit**「糸のこ作業」。ホームセンターには手作り家具のような細かな細工のための材料・道具もあれば、柱や屋根など大規模な大工仕事の資材・機械も揃っている

6 **die Altbaurenovierung**「古家修理」。古い民家を購入して自分の好みに合った家に改装したり、新築の場合も土台と大枠だけ専門家にやってもらい、内装はすべて自分で作ったりするドイツ人は少なくない

Der typische Heimwerker ist ein Mann mittleren Alters[7]. Er ist verheiratet und hat zwei Kinder. Entweder ist er Angestellter oder Beamter. Und was ist mit den Frauen? In der Vergangenheit spielten sie als Freizeithandwerkerinnen kaum eine Rolle. Wenn der Mann zu Hause mit der Bohrmaschine arbeitete, dann saugten sie vielleicht den Bohrstaub weg oder durften die Wasserwaage[8] halten. Zwar sind es immer noch meistens die Männer, die daheim sägen und bohren, aber inzwischen veranstalten die Baumärkte Kurse speziell für Frauen. Und manche Do-it-yourself-Magazine[9] wenden sich bewusst an weibliche oder auch an junge Leser.

Deutsche Handwerker[10] haben einen guten Ruf, weil sie gut ausgebildet sind und gute Arbeit leisten. Warum also die Dinge selber machen? Ein Baumarkt wirbt mit dem Slogan „Respekt, wer´s selber macht"[11]. Auf das eigene Werk kann man stolz sein. Man bekommt Anerkennung dafür. Außerdem ist das Heimwerken eine kreative Beschäftigung, die Spaß macht. Das fehlt vielleicht vielen Menschen in unserer heutigen Konsum- und Industriegesellschaft[12].

7　ein Mann mittleren Alters 「中年男性」。日曜大工に熱中するには仕事の面でも家庭的にも時間と体力に余裕が必要なので、定職に就き、結婚し子どももいる中年の男性に多い
8　die Wasserwaage 「水準器、水平器」。地面が水平かどうかを調べる機器で、大工仕事に必要。Handwerken は主に大工仕事で男性向きだが、DIY は手作り仕事全般なので女性向き。DIY 講座と称して女性のためのプログラムが増えた
9　Do-it-yourself-Magazine 「DIY（手作り）雑誌」。最も歴史が古いのは Selbst ist der Mann だが、1974年創刊の Selber machen （出版社：GeraNova Bruckmann）も人気があり、62,063 部を発行している
10　deutsche Handwerker 「ドイツの職人」。昔はどの職種にも職人の高レベルを保つための親方制度があり、親方の資格がないと開業できなかった。その伝統から「ドイツの職人はいい仕事をする」という定評が世界的に高い
11　„Respekt, wer´s selber macht" 「自分で作る人は偉い」。Baumarkt の toom 社のキャッチフレーズで、2015 年からテレビの CM で用いたところ好評だったため、ロゴにも取り入れて使っている
12　die Konsum- und Industriegesellschaft 「消費・産業社会」。物が豊富な現代社会では、何でも買え、壊れれば買い換えればいいという風潮が主流だが、だからこそスローライフや手作り仕事が好まれるのかもしれない

Übungen

I 次の動詞の3基本形を書きましょう。

(1) erscheinen　　(2) gründen　　(3) saugen　　(4) ausbilden

II 下線部の動詞を、使われている時制で人称変化させましょう。

(1) Früher <u>spielten</u> die Frauen als Freizeithandwerkerinnen kaum eine Rolle.

(2) Wenn der Mann mit der Bohrmaschine <u>arbeitete</u>, durften sie die Wasserwaage halten.

(3) Ein Baumarkt <u>wirbt</u> mit dem Slogan „Respekt, wer´s selber macht".

III 次の名詞句を1～4格まで変化させましょう。

(1) eine eigene Zeitschrift　　(2) der typische Heimwerker

(3) deutsche Handwerker　　(4) ein guter Ruf

IV 下線部に適切な前置詞を補いましょう。

(1) Man wundert sich dar___, dass die Deutschen so gerne heimwerken.

(2) Fragen Sie mal die Deutschen ___ ihren drei größten Leidenschaften!

(3) Statt Handwerker zu bezahlen, griffen immer mehr Leute selbst ___m Werkzeug.

(4) Manche DIY-Magazine wenden sich bewusst ___ weibliche Leser.

(5) ___ das eigene Werk kann man stolz sein.

V 本文の内容と一致しているものに×をつけましょう。

☐ (1) An den Samstagen ziehen die Deutschen durch die zahlreichen Getränkemärkte.

☐ (2) Die Begeisterung der Deutschen fürs Heimwerken gibt es heute nicht mehr.

☐ (3) Immer noch sägen und bohren mehr Männer daheim als Frauen.

Intermezzo

KAPITEL 5-7

I **Was ist das?**

1.

2.

3.

4.

5.

6.

7.

8.

9.

10.

☐ das G20-Treffen in Japan

☐ Hamburg

☐ das DIY-Magazin in Deutschland

☐ Berlin

☐ ein toter Wal an der Küste Siziliens

☐ München

☐ Plastikmüll bereitet weltweit zunehmend Sorgen

☐ Frankfurt

☐ der Eingang eines Baumarktes

☐ Einwegplastikprodukte

Kunst und Design

KAPITEL 8
100 Jahre Bauhaus

デッサウにある
バウハウスの校舎

バウハウス創立100周年

　Bauhausが創設された1919年当時のWeimarは、第一次世界大戦の敗戦処理で皇帝が廃位し、貴族制が廃止され共和制となり、女性にも参政権が与えられてデモクラシーの気運に溢れていました。この時に制定されたワイマール憲法は、世界で最も民主的な憲法と言われました。そのような環境の中Bauhausは、これまでの慣習に囚われず、自由な発想で芸術と工芸を結びつけ、現代建築や産業デザインに多くのインスピレーションを与えました。

　Gropiusが集めた講師陣は、印刷がFeininger、家具がBreuer、織物がStölzl、壁画がKandinsky、舞台がSchlemmer、製本がKlee、建築がMies van der Roheと実に豪華なメンバーでした。彼らの作品は、前衛的でありながら、「機能が形を決める」というモットーに基づき、余分な装飾をことごとく排除して使いやすさを追求したシンプルなものでした。

　Bauhausの歴史は、ちょうどナチの台頭と時期を同じくしたため、数奇な運命を辿りました。最初は自由の気運溢れるWeimarの公立学校として出発しましたが、1924年の州議会選挙で政権交代が起こると、予算を削られ潰されそうになります。そこで誘致に積極的だった工業都市Dessauに移転します。ところがDessauの市議会もナチが掌握して圧力をかけてきたため、1932年に民間学校としてBerlinに移りましたが、1933年にヒトラーが政権を握り、ついに閉鎖に追い込まれました。

　Bauhausの講師たちの多くはアメリカへ亡命し、活動を続けました。Gropiusもその一人で、ハーバード大学大学院のデザイン科で建築学の教授となり、後進の育成にあたりました。戦後はBerlinで住宅の設計も受注しています。デッサウのBauhausは財団となり、現在もセミナーなどを企画しています。

8 100 Jahre Bauhaus

Haben Sie schon einmal auf einem Freischwinger[1] gesessen? Dann wissen Sie, wie bequem so ein Stuhl ist. Er steht nicht auf vier Beinen, sondern auf einem elastischen Stahlrohrgestell, das leicht federt. Er wurde in den Zwanzigerjahren von Designern der Kunstschule *Bauhaus*[2] entwickelt und gilt als Klassiker modernen Möbeldesigns[3]. Der sogenannte Bauhausstil hat die Avantgarde[4] in Kunst, Architektur und Design weit über Deutschland hinaus geprägt. 2019 wird das 100-jährige Jubiläum des Bauhauses gefeiert.

Der Architekt Walter Gropius[5] gründete 1919 die Kunstschule *Bauhaus* in Weimar, um hier seine Visionen umzusetzen. Seine revolutionären Ideen bedeuteten eine radikale Abkehr von bis dahin gültigen Maßstäben in Kunst, Architektur und Design. Er wollte Kunst und Handwerk auf eine Stufe stellen. Schlicht sollten die Bauhausobjekte sein, preiswert, funktional, aber elegant. „Funktion geht vor Form"[6] lautete das Motto. Seine Mitstreiter waren namhafte Künstler, Architekten und Designer. Sie schufen einen

---

1　ein Freischwinger 「フリースウィング、カンチレバーチェア」。後脚のない椅子で、座ると体重で自然に振れ後傾姿勢になる。Bauhaus のスタッフが共同で開発した椅子のデザイン
2　die Kunstschule *Bauhaus* 「造形学校バウハウス」。ワイマールの公立芸術学校と Henry van de Velde が作った公立工芸学校が合併し、1919 年に創設された。Gropius の命名で正式には Das Staatliche Bauhaus だが、通称 Bauhaus で一般に通用している
3　Klassiker modernen Möbeldesigns 「モダンな家具デザインの典型」。Bauhaus 創設の前後では家具のデザインが大きく異なる。Bauhaus は当時モダンなデザインの典型と言われ、これ以降さらに斬新なデザインが生まれる契機となった
4　die Avantgarde 「前衛」。Bauhaus には印刷、ガラス工芸、金属工芸、木工、織物、壁画、舞台、写真、製本、陶芸、建築、展示、調和法の分野があったが、どの部門も前衛的な講師が教えた
5　Walter Gropius 「ヴァルター・グロピウス」(1883-1969)。Henry van de Velde の要請を受けて Bauhaus の校長になり、Wassily Kandinsky, Paul Klee, Lyonel Feininger, Gunta Stölzl, Oskar Schlemmer など最新鋭の講師陣を集めた
6　„Funktion geht vor Form" 「機能が形態に先行する（英語で Form follows Function=FFF)」。余計な装飾を捨て機能性を第一に考えれば最も美しい形が自然に決まるという Bauhaus の信念。これにより芸術と工芸を融合しようとした
7　ein moderner Industrielook 「現代的な産業スタイル（デザイン）」。電気スタンドのような小さなものから集合住宅のような大きなものに至るまで、Bauhaus のデザインは徹底して FFF の原則を貫いている
8　Dessau 「デッサウ」。1924 年のチューリンゲン州議会選挙で野党派が勝利し、Bauhaus の予算を半減

modernen Industrielook[7] mit ganz neuer Ästhetik und sozialem Anspruch: Jeder sollte ihn sich leisten können. Das galt für die Schreibtischlampe ebenso wie für preiswerte, aber durchdachte Neubauten in Zeiten der Wohnungsnot.

1925 zog das Bauhaus nach Dessau[8]. Weimar unterstützte die Experimente der Kunstschule nicht mehr. Dessau dagegen empfing die avantgardistischen Designer mit offenen Armen. Das änderte sich mit dem Einfluss der Nationalsozialisten[9]. Sie warfen dem Bauhaus vor, „entartete Kunst"[10] zu schaffen. Der letzte Direktor, der Architekt Mies van der Rohe[11], versuchte 1932 mit dem Umzug nach Berlin einen Neubeginn. Schon ein Jahr später musste die Einrichtung unter politischem Druck schließen. Viele der Mitglieder wurden verfolgt oder emigrierten.

Die Ideen der Vertreter des Bauhauses haben Auswirkungen bis heute. Weltweit. Die Weiße Stadt in Tel Aviv und die Obafemi Awolowo Universität in Nigeria sind nur zwei Beispiele dafür. In diesen Fällen hat der israelische Architekt und Bauhausschüler Arieh Sharon[12] den Bauhausstil weitergetragen. Aber selbst im Konzept des schwedischen Möbelriesen Ikea[13] steckt ein wenig Bauhaus.

すると通達。幾つかの誘致先候補の中から、社民・自民党政権で、航空機メーカー Junker が支援を約束した Dessau へ移転した

9 die Nationalsozialisten「国家社会主義者、ナチ党員」。ナチが Bauhaus を目の敵にしたのは民族主義的理由で、伝統的なドイツ芸術、ナチの芸術観や美的感覚から外れるような前衛的でモダンな芸術をすべて排除しようとした

10 „entartete Kunst"「退廃芸術」。表現主義、ダダイズム、即物主義、シュールレアリズム、キュービズム、フォーヴィズムは人々を退廃させるとして禁止された。1931 年 Dessau の市議会選挙でナチが勝利し、Bauhaus の閉鎖を求められた

11 Mies van der Rohe「ミース・ファン・デア・ローエ」(1886-1969)。1930 年 Bauhaus の校長になり、民間機関として Berlin に移転したが、1933 年にヒトラーが首相になり政権を握ると、ついに閉鎖せざるを得なくなった

12 Arieh Sharon「アリエ・シャロン」(1900-1984)。1926 年から 5 年間 Bauhaus で学び、帰国後 Tel Aviv で様々な Bauhaus 様式の建物を設計した。白を基調とした建造物が集まっているので「白い街」と呼ばれ、ユネスコの文化遺産となっている。60 年代には国外の受注も受け、ナイジェリアの Ife 大学（現在の名称は Obafemi Awolowo 大学）の校舎も彼の設計

13 Ikea「イケア」、スウェーデンの格安家具会社。Ingvar Feodor Kamprad (1926-2018) が 1943 年 17 歳で創設した。Bauhaus 財団を支援し、Bauhaus 様式で作られたシンプルな本棚 Billy は世界で 4100 万台販売された

Übungen

I 次の動詞の3基本形を書きましょう。

(1) entwickeln (2) ziehen (3) vorwerfen (4) weitertragen

II 下線部の動詞を、使われている時制で人称変化させましょう。

(1) Dann wissen Sie, wie bequem so ein Stuhl ist.

(2) Sie schufen einen modernen Industrielook mit ganz neuer Ästhetik.

(3) Mies van der Rohe versuchte mit dem Umzug nach Berlin einen Neubeginn.

III 次の名詞句を1～4格まで変化させましょう。

(1) ein elastisches Stahlrohrgestell (2) ein moderner Industrielook

(3) der israelische Architekt (4) der schwedische Möbelriese

IV 下線部に適切な前置詞を補いましょう。

(1) Haben Sie schon einmal ___ einem Freischwinger gesessen?

(2) Er wollte Kunst und Handwerk ___ eine Stufe stellen.

(3) Das galt ___ die Schreibtischlampe.

(4) 1925 zog das Bauhaus ___ Dessau.

(5) Dessau empfing die avantgardistischen Designer ___ offenen Armen.

V 本文の内容と一致しているものに×をつけましょう。

☐ (1) Der Freischwinger gilt als Klassiker modernen Möbeldesigns.

☐ (2) Walter Gropius wurde 1919 in Weimar geboren.

☐ (3) Die Nationalsozialisten kritisierten, das Bauhaus schaffe „entartete Kunst".

KAPITEL 9
Modezar Karl Lagerfeld ist tot

パリ・グランパレで
開催された追悼式典

ファッション界のドン
カール・ラーガーフェルト逝去

　ファッションと言うと欧州ではやはりパリが中心ですが、ドイツ人でもJil Sander、Wolfgang Joop、Karl Lagerfeldの3人はデザイナーとして成功した人たちです。そのうちのLagerfeldが2019年2月19日に亡くなりました。85歳でした。

　Lagerfeldはハンブルクの裕福な家に生まれ、幼い頃からフランス語を習い、1952年18歳でパリに来た時には流暢なフランス語を話しました。2年後軽い気持ちで応募したコンテストで彼のコートのデザインが1位を獲得。これが大きな人生の岐路となり、Balmainの店で仕立職人の修行を修めました。

　その後幾つかのブティックを転々とした後、1982年、Chanelのオーナーから声がかかります。創始者のCoco Chanelの死後経営難に陥り、オーナーは実はあまり期待しておらず、今ある財産から稼げるだけ稼ぎ、最終的に売却するつもりでいました。

　LagerfeldはCoco Chanelがデザインしたヒットコレクション「小さな黒ドレス」や「ツイード襟のツーピース」を見直し、現代のセンスに合うよう刷新しました。Chanelが今でも名ブランドの地位を確保できているのはLagerfeldのおかげなのです。

　1984年Lagerfeldは初めて自分のブランドを作り、自らのデザインを商品化しますが、この時はあまり売れませんでした。アパレル業界は浮き沈みが激しく、作っては潰れを繰り返すのです。1998年名称をLagerfeld Galleryと変えて再出発しました。

　Lagerfeldはまた才能あるモデルを見出し、トップモデルに育てました。彼らをMuse（ミューズ）と呼び、「クリエイティブパートナー」として重用しました。亡くなる時には自分の遺骨の半分を母親の遺骨と一緒に撒布し、残りは1989年に亡くなったパートナーと一緒に埋葬して欲しいと言い残しました。

9 Modezar Karl Lagerfeld ist tot

Wenn man an exklusive Mode denkt, dann fällt einem dazu nicht unbedingt Deutschland ein. Trotzdem kommen einige namhafte Modeschöpfer aus Deutschland: Jil Sander[1] und Wolfgang Joop[2] zum Beispiel. Aber der berühmteste von allen ist wohl Karl Lagerfeld[3]. Er ist nun im Alter von wahrscheinlich 85 Jahren in Frankreich gestorben.

Von den Deutschen sagt man, dass sie sich gerne praktisch und bequem kleiden. Karl Lagerfeld dagegen bevorzugte das Außergewöhnliche[4] und orientierte sich schon früh an Frankreich. Über formlose Freizeitkleidung urteilte er: „Wer eine Jogginghose trägt, hat die Kontrolle über sein Leben verloren." Seine eigenen Stilmerkmale[5] waren der weiß gepuderte Zopf, die dunkle Brille, die Handschuhe und der hohe Kragen.

Karl Lagerfeld wurde in Hamburg als Sohn eines reichen Kondensmilch-Fabrikanten[6] geboren. Bereits als Kind lernte er Französisch, liebte das Zeichnen und die französischen Maler. Schon

---

1　Jil Sander「ジル・サンダー」1943 年 Hedwigenkoog 生まれ。ファッションと言えばフランスが本場だが、ドイツにも有名なデザイナーがおり、Sander もその一人。1980 年代から時代に左右されないエレガントな婦人服で知られる
2　Wolfgang Joop「ヴォルフガング・ヨープ」1944 年 Potsdam 生まれ。1986 年洋服・化粧品のブランド JOOP! を創設。Sander、Lagerfeld と並び、ファッション業界で成功したドイツ 3 大デザイナーの一人とされる
3　Karl Lagerfeld「カール・ラーガーフェルト」(1933-2019)。Lagerfeld の誕生年は長年秘密にされ、本人は 1935 年とか 1938 年と言っていたが、死亡証明書には、1933 年 9 月 10 日生まれであると記されている
4　das Außergewöhnliche「普通でないこと、奇抜なこと」。ラフな格好で人前に出るのは、気持ちの緩みをさらけ出すようで好きではなかった。必然的に彼のデザインもフォーマルウェアが多い
5　seine eigenen Stilmerkmale「彼自身のスタイル特徴」。白粉をはたいたポニーテール、黒いサングラス、グローブ、ハイカラーが彼のトレードマークだった。サングラスは近視の目線を人前で晒したくないため、また目を守るためだったと本人は語っている
6　ein Kondensmilch-Fabrikant「コンデンスミルク・メーカー」。Glücksklee-Milch GmbH は父親の Otto Lagerfeld が創設した。今でもドイツでコンデンスミルクと言えばこのブランドの製品（四つ葉のクローバーのマーク）が最もポピュラー
7　ein Modewettbewerb「ファッションコンテスト」。1954 年コートのデザインコンテストで 1 位になり、Balmain の店に入って仕立職人の職業訓練を受けた

immer habe er sich für Kleidung interessiert, sagte er einmal. Doch habe er damals nicht gewusst, dass man das Mode nennt. 1952 zog er nach Paris und erreichte als 20-Jähriger mit einem Mantelentwurf den ersten Platz bei einem Modewettbewerb[7]. Das war der Beginn seiner steilen Karriere. Er arbeitete für führende Modehäuser wie Balmain, Patou, Chloé und Fendi[8].

Seit 1983 war „Karl der Große"[9] Kreativdirektor von Chanel[10] – ein Glücksfall für das Unternehmen. Die exklusive Marke stand für schlichte Eleganz, brauchte aber eine Verjüngung. Jeder kennt die Klassiker des Hauses, das „Kleine Schwarze"[11] oder das Chanel-Kostüm aus Tweed[12]. Lagerfeld interpretierte sie neu, gab den Kollektionen wieder Glanz und machte sie auch für die junge, moderne Frau attraktiv. Unter seiner Führung wurde Chanel zu einem Milliardenkonzern von Weltruhm. Nebenbei hatte er ein eigenes Label, entwarf aber auch preiswerte Modelle für die schwedische Modekette H&M[13]. Er machte Topmodels wie Claudia Schiffer[14] oder Inès de la Fressange[15] berühmt.

Der geniale Modeschöpfer hat die Modewelt geprägt wie kaum ein anderer und wird als Legende wohl unsterblich bleiben.

---

8 Balmain「バルマン」(1945年創設、本社 Paris)、Patou「パトウ」(1919-2001、P&G が買収)、Chloé「クロエ」(1952年創設、本社 Paris)、Fendi「フェンディ」(1925年創設、本社 Rom)

9 „Karl der Große"「カール大帝」。Lagerfeld はドイツファッション界の大御所で、様々な呼び名を持っている。同じ Karl という名前から神聖ローマ帝国初代皇帝のカール大帝 (742-814) や、„Modezar"(„Zar" はロシア君主の意)、„Modepapst"(„Papst" はローマ教皇のこと)とも呼ばれる

10 Chanel「シャネル」。1913年 Gabrielle "Coco" Chanel (1883-1971) が創設したブティックで、彼女の死後時代遅れで経営難に陥っていたところを 1982年 Lagerfeld が入社して梃入れした

11 das „Kleine Schwarze"「小さな黒ドレス」。仏語で petite robe noire、英語で little black dress (LBD)。膝丈のシンプルな黒いドレスで、1926年米の Vogue 誌が「世界中の趣味のいい女性が着るデザイン」と紹介し大ブレイクした

12 das Chanel-Kostüm aus Tweed「ツイード生地製のシャネル・ツーピース」。ツイードは太く短い羊の毛を使用した手織物で、イギリスやスコットランドが発祥地

13 H&M「(= Hennes & Mauritz) エイチ・アンド・エム」1947年創設、本社 Stockholm。スウェーデンの格安アパレル会社で、Lagerfeld は 2004年からデザイナー契約を結び、H&M に自分のデザインを提供した

14 Claudia Schiffer「クラウディア・シッファー」1970年 Rheinberg 生まれ。ドイツを代表するファッションモデルで、1988年 Lagerfeld に見いだされ、Chanel のショーでデビューした

15 Inès de la Fressange「イネス・ド・ラ・フレサンジュ」1957年 Gassin 生まれ。父親がフランス人、母親がアルゼンチン人のトップモデル

Übungen

Ⅰ 次の動詞の3基本形を書きましょう。

(1) sterben (2) verlieren (3) gebären (4) prägen

Ⅱ 下線部の動詞を、使われている時制で人称変化させましょう。

(1) Er erreichte den ersten Platz bei einem Modewettbewerb.

(2) Lagerfeld interpretierte die Klassiker von Chanel neu.

(3) Er entwarf auch preiswerte Modelle für H&M.

Ⅲ 次の名詞句を1～4格まで変化させましょう。

(1) die Deutschen (2) das Außergewöhnliche

(3) seine steile Karriere (4) führende Modehäuser

Ⅳ 下線部に適切な前置詞を補いましょう。

(1) Denken Sie mal ___ exklusive Mode!

(2) Karl Lagerfeld orientierte sich schon früh ___ Frankreich.

(3) Schon immer habe er sich ___ Kleidung interessiert, sagte er einmal.

(4) Chanel stand ___ schlichte Eleganz, brauchte aber eine Verjüngung.

(5) ___ seiner Führung wurde Chanel zu einem Milliardenkonzern von Weltruhm.

Ⅴ 本文の内容と一致しているものに×をつけましょう。

☐ (1) Karl Lagerfeld ist der berühmteste Modeschöpfer aus Deutschland.

☐ (2) Karl Lagerfeld war 20 Jahre alt, als er Kreativdirektor von Chanel wurde.

☐ (3) Karl Lagerfeld hat die Möbelwelt geprägt wie kaum ein anderer.

Intermezzo

KAPITEL 8-9

I Wer ist das?

1. 
2. 
3. 
4. 
5. 
6. 
7. 
8.

☐ Claudia Schiffer
☐ Arieh Sharon
☐ Karl Lagerfeld
☐ Ludwig Mies van der Rohe

☐ Wolfgang Joop
☐ Inès de la Fressange
☐ Coco Chanel
☐ Walter Gropius

II   Was ist das?

1.

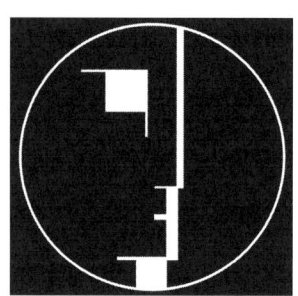

2.

3.

4.

5.

6.

7.

8.

☐ das Bauhaus-Logo
☐ Schreibtischleuchte
☐ die Gropiusstadt in Berlin
☐ ein *Kleines Schwarzes*

☐ das Chanel-Kostüm aus Tweed
☐ Entwurf von Jil Sander für Uniqlo
☐ Freischwinger
☐ H&M in München

Bildung

KAPITEL 10

Deutsche Rechtschreibung: Schulen schaffen „Lesen durch Schreiben" ab

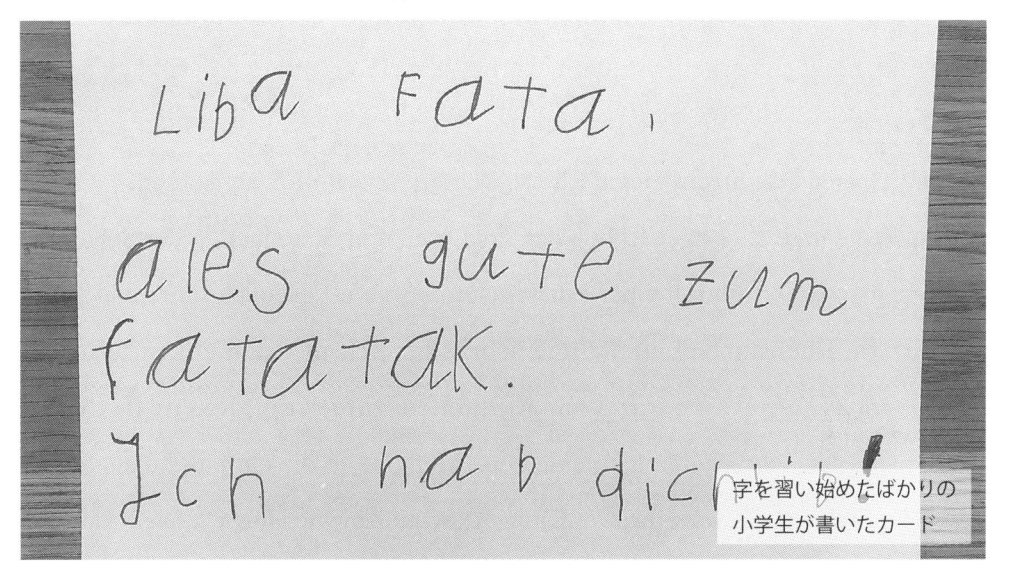

> Liba Fata,
> ales gute zum fatatak.
> Ich hab dich l

字を習い始めたばかりの小学生が書いたカード

ドイツ語正書法：「書いて読む方式」の廃止

　ドイツでは未就学者に字は教えず、小学校に入ってから初めて ABC を習います。その時に、間違いが多くて先生の赤ペンだらけの練習帳を返されたり、皆の前で教科書を読まされて上手に読めず恥をかいたりすると、子どもたちの学習意欲を失わせてしまうということから、20年ほど前小学校1、2年生の国語の授業に「書いて読む」「聞いたとおり書く」方式が導入されました。

　従来の入門書方式は、まずアルファベットを習い、簡単な発音の単語、難しい発音の単語、簡単な文、難しい文というように段階を追って積み上げますが、「書いて読む」方式は、絵で語頭の音を示した表を使い、聞こえるまま文字に置き換えるやり方です。当然間違いが多いのですが、教師は訂正せず、子どもたちが自分で間違いに気づき、憶えていくという発見型の学習法です。

　子どもたちにできるだけプレッシャーを与えず、自発的に能力を伸ばして欲しいという「ゆとり教育」の一環として導入されたのですが、この度ボン大学が州内3千人の小学生を対象に習得度を調査したところ、入門書方式で勉強した方が、「書いて読む」方式よりはるかに学力が高いという結果が出ました。若者の学力低下に悩むドイツでは、「書いて読む」方式を禁止すべきだという声が上がっています。

　そもそもゆとり教育というのは時間がかかります。生徒たちの思考パターンを変えるわけで、数字で成果が出にくいのです。合理的に結果を出したいのであれば、従来方式でガンガン教えた方が早いのですが、それでは子どもの自主性や個性を伸ばすことができません。絶対無欠の完璧な教授法や学校制度はありえず、生徒たちの様子を的確に見極め、最善の対応策を実行する教師側の力が求められています。

10 Deutsche Rechtschreibung: Schulen schaffen „Lesen durch Schreiben" ab

„Dea Fata get zua abait." Die Rechtschreibung[1] in diesem Satz ist ziemlich abenteuerlich. Geschrieben hat das eine Grundschülerin aus der zweiten Klasse. Die Sätze in den Heften der Klassenkameraden sehen ähnlich aus. Das macht vielen Eltern, Lehrern und Politikern Sorgen.

Die heutige Elterngeneration hat das Lesen und Schreiben in der Schule noch ganz klassisch mit einer Fibel[2] gelernt. So ein Lesebuch für Anfänger lehrt die Buchstaben und Wörter Schritt für Schritt[3] nach einem festen Konzept. Der Weg führt vom Einfachen zum Komplexen. In den vergangenen Jahrzehnten kam eine neue Methode in die Grundschulen. Sie heißt „Lesen durch Schreiben"[4] oder auch „Schreiben wie Hören"[5]. Die Kinder sollen frei schreiben und das Lesen dabei gleich mitlernen. Sie benutzen dazu eine sogenannte Anlauttabelle[6]. Darauf sind bestimmten Abbildungen die Anfangsbuchstaben der dazugehörenden Wörter zugeordnet. Beim Bild eines Esels steht der Buchstabe „E". Durch Sprechen und Hören können die Schüler die Laute den Buchstaben zuordnen und so Wörter

---

1　die Rechtschreibung「正書法、綴り方」。ドイツ語は英語に較べればはるかに文字と音が一致しており、ローマ字を読むように発音すればいいが、それでも食い違う場合があり、それを学校でどのように教えるかが問題になっている
2　eine Fibel「入門書」。低学年用のドイツ語の教科書をこう呼ぶ
3　Schritt für Schritt「一歩一歩、段階的に」。通常はアルファベット 26 文字（ウムラウトと ß を加えれば 30 文字）をまず習い、簡単な単語から難しい単語、簡単な文から難しい文というように、段階を積み上げて体系的に習得していく
4　„Lesen durch Schreiben"「書いて読む」。スイスの教育改革者 Jürgen Reichen (1939-2009) が考案したドイツ語の綴り方の勉強法。小学校 1、2 年生が対象で、子どもたちは絵付の表を見ながら耳で聞こえたとおりの音を書く
5　„Schreiben wie Hören"「聞いたとおり書く」。当然ながら沢山間違いをするが、教師は直さない。生徒たちが書いたものを持ち寄ってグループで答え合わせをし、間違いを見つけて「こういう風に書くんだ」と気づき習得していく
6　eine Anlauttabelle「語頭音表」。たとえば B の所には Banane「バナナ」、A の所には Affe「サル」、U の所には Uhr「時計」、M の所には Maus「鼠」の絵が描いてあり、表を参照して Baum「木」という単語の綴りを書く
7　lautgetreu「音どおりに」。たとえば treu の eu は、音どおりであれば oi だが eu と書く。アルファベ

zusammensetzen. Die Methode gibt ihnen Freiraum für eigene Texte, produziert aber auch eine Menge Fehler, weil viele deutsche Wörter nicht lautgetreu[7] geschrieben werden. Eine Korrektur[8] soll es anfangs nicht geben, damit die Kinder in ihrer Motivation nicht gebremst werden.

In einer Studie der Universität Bonn haben nun Psychologen den Lernerfolg[9] von Grundschülern aus Nordrhein-Westfalen[10] im Fach Rechtschreiben untersucht und dabei die verwendete Lehrmethode berücksichtigt. Die Fibel-Methode brachte die besten Ergebnisse. Auch Kinder, deren Muttersprache nicht Deutsch ist, konnten damit am besten lernen.

Immer mehr Bundesländer[11] wenden sich von der umstrittenen Reformmethode ab. Der Deutsche Lehrerverband[12] fordert gar ein striktes Verbot. Befürworter halten sie weiterhin für sinnvoll – in Kombination mit anderen Methoden. Defizite in der Rechtschreibleistung – wie in anderen Fächern auch - hätten auch andere Gründe, meinen sie: Lehrermangel, fehlenden Förderunterricht, einen hohen Migrantenanteil in den Klassen sowie zunehmende Konzentrationsprobleme der Kinder zum Beispiel. Die Fibel allein sei nicht die Lösung.

ットは30文字だが音は厳密に数えると4千、母音もaiueoの5音だけでなく16あると言われ、それをすべて絵で教えるのは不可能

8　eine Korrektur「修正、訂正」。練習帳に添削の赤ペンがたくさん入っていると、生徒たちはやる気をなくすので、1994年頃から自ら気がつき学んでいく発見型の方式が推奨された。生徒の方にも自分から間違いに気づく向学心が必要で、実はこのやり方の方が従来型の勉強法よりも要求が高い

9　der Lernerfolg「学習成果」。半年に1度計5回書き取りの学力テストを行ったところ、入門書方式で学ぶ子どもの方が、常に正解率が高かった。4年生末の段階で「書いて読む」方式で習った生徒たちは、入門書方式で習った生徒たちよりも55％間違いが多かったという

10　Nordrhein-Westfalen「ノルトライン・ヴェストファーレン州」。ボン大学が州内の小学生3千人を対象に行ったドイツ初の調査だが、「おまえは間違った方式で教わっている」とレッテルを貼るようで良くないとこの調査を批判する人もいる

11　Bundesländer「連邦州」。Baden-Württemberg州やHamburgでは「書いて読む」方式の教え方は避けるよう通達が出た。国レベルでもKarliczek連邦教育研究相がドイツの子どもたちの書き取る力の低下に懸念を示した

12　der Deutsche Lehrerverband「ドイツ教員連合（＝DL）」。各州の教員連合を統合する上部組織で、16.5万人の教師たちが加入している。DLはボン大学の調査結果を受け、はっきりと「書いて読む」方式をやめるよう禁止令を出した

Übungen

I 次の動詞の3基本形を書きましょう。

(1) schreiben　　(2) zuordnen　　(3) bremsen　　(4) untersuchen

II 下線部の動詞を、使われている時制で人称変化させましょう。

(1) Die Sätze in den Heften der Klassenkameraden <u>sehen</u> ähnlich <u>aus</u>.

(2) Die Fibel-Methode <u>brachte</u> die besten Ergebnisse.

(3) Defizite in der Rechtschreibleistung <u>hätten</u> auch andere Gründe, meinen sie.

III 次の名詞句を1～4格まで変化させましょう。

(1) ein festes Konzept　　　　(2) die dazugehörenden Wörter

(3) die verwendete Lehrmethode　　(4) ein striktes Verbot

IV 下線部に適切な前置詞を補いましょう。

(1) Ein Lesebuch lehrt die Buchstaben und Wörter Schritt ___ Schritt.

(2) Der Weg führt vom Einfachen ___m Komplexen.

(3) Auch ausländische Kinder konnten damit ___m besten lernen.

(4) Immer mehr Bundesländer wenden sich ___ der Reformmethode ab.

(5) Befürworter halten die Reformmethode weiterhin ___ sinnvoll.

V 本文の内容と一致しているものに×をつけましょう。

☐ (1) Viele Eltern, Lehrer und Politiker befürworten die Methode „Lesen durch Schreiben".

☐ (2) Bei der Methode „Lesen durch Schreiben" soll es anfangs keine Korrektur geben, um die Motivation der Kinder nicht zu bremsen.

☐ (3) Immer mehr Bundesländer meinen, „Lesen durch Schreiben" sei die einzige Lösung.

Sport

KAPITEL 11
Der Deutsche Alpenverein: Wir lieben die Berge. Seit 1869.

アルプスの小屋には DAV の旗がはためく

ドイツアルペンクラブ：山を愛して 150 年

　旧ルール工業地帯は炭鉱が閉山になった後、第三次産業にシフトし、様々なレジャー施設に再利用されています。ユネスコの世界文化遺産（産業遺産）に指定されているエッセンの Zollverein もそうで、元工場の壁の一画がロッククライミングの練習場になっているのですが、「DAV 所有クライミング施設」と書かれた看板が立っています。

　「アルペンクラブ」という名前からすると、ついアルプスのある南ドイツを想定しがちですが、DAV は会員数約 130 万人で、世界最大の登山クラブです。山が全く無いドイツ最北端の町フレンスブルクにも支部があるくらいですから、エッセンで名前を見かけたとしてもなんら不思議ではありません。1869 年、ミュンヘンの居酒屋で 36 人の男性たちがこのクラブを立ち上げた時、こんなにドイツ全土に広がるとは誰が想像したでしょう。

　1869 年というのは、その 2 年後ビスマルクの画策が実りドイツ帝国が誕生する時代で、ヨーロッパには根強い反セム族主義がありました。ヒトラーは欧州人が潜在的に持つ反ユダヤ感情をいわば利用して、ドイツ人の民族意識を 1 つにまとめていったのですが、DAV にもアーリア民族至上主義の幹部が多く、ユダヤ人の入会を拒否しました。当然ナチ派でしたから、ヒトラーが政権を握るとナチの体育協会である NSRL の傘下に入りました。

　1945 年終戦を迎えると、DAV はナチに加担した団体ということで連合軍から解散を命じられ、財産を没収されます。新たに会員を募り、一からスタートした DAV は、今度は意識的に誰でも歓迎するオープンな姿勢を前面に押し出しました。そうして世界最大の登山クラブに成長したわけで、過去の反省が大きく影響しているのです。

11 Der Deutsche Alpenverein: Wir lieben die Berge. Seit 1869.

Wen die Leidenschaft für die Berge einmal gepackt hat, den lässt sie nicht mehr los. Die Alpen[1] bieten dem Bergfreund ein unvergleichliches Naturerlebnis, sportliche Herausforderungen[2] und innere Ruhe. Der Bergsport boomt. Für alle, die die Berge lieben, ist der Deutsche Alpenverein (DAV)[3] seit 150 Jahren ein wichtiger Partner.

Im Mai 1869 saß eine Gruppe von Bergsteigern in einem Münchner Gasthaus[4] zusammen. Sie wollten die Alpen einem großen Kreis von sport- und naturbegeisterten Menschen zugänglich machen. Das war die Geburtsstunde des Deutschen Alpenvereins. Der hat heute fast 1,3 Millionen Mitglieder und ist der größte Bergsportverband der Welt sowie der größte Naturschutzverband[5] in Deutschland.

In der Geschichte des Alpenvereins gibt es auch ein dunkles Kapitel: In der Zeit des Nationalsozialismus[6] vertrat er die völkische und rassistische Ideologie[7] des Regimes und grenzte Juden aus. Aus diesem Grund will der Verein sich heute ganz besonders für Vielfalt, Toleranz und gegenseitige

---

1 die Alpen「アルプス山脈」。欧州中央部を東西に走る山脈。1862年にアルプスの観光開発を主眼とするオーストリア・アルプスクラブ（ÖAV）が創設されたが、それに不満で、もっと広範囲な活動を求めた人々が新クラブ創設に動いた
2 sportliche Herausforderungen「スポーツチャレンジ」。現在このクラブは365支部あり、登山のみならず山岳関係の様々な種目を包括している
3 der Deutsche Alpenverein (DAV)「ドイツアルペンクラブ」。会員数130万人で世界最大の登山クラブ。ドイツ体育協会やドイツオリンピック連盟にも加盟し、自然保護団体の認定も受け、その活動は多岐にわたっている
4 ein Münchner Gasthaus「ミュンヘンの飲食店」。1869年5月9日Münchenの Blaue Taube に36人の男性たちが集まり、会長に Gustav von Bezold を選出した。それから10ヶ月後には22支部が発足し、1070人の会員が集まった
5 der Naturschutzverband「自然保護協会」。1927年DAVの定款に「自然保護活動」を書き加え、団体登録も行った。ちなみにDAVではアルプスに咲く高山植物のエーデルヴァイスをかたどったバッチが会員章となっている
6 der Nationalsozialismus「国家社会主義、ナチズム」。DAVはヒトラー台頭以前から反セム族（反ユダヤ）主義が強く、1899年にはBrandenburg、1905年にはWien、1924年にはDonaulandの支部がユダヤ人の入会を拒否した

Achtung einsetzen.

Der DAV engagiert sich in vielen Bereichen. Er schafft und pflegt ein umfangreiches Hütten- und Wegenetz, erstellt Kartenmaterial und Tourenbeschreibungen. Der Verein ist in 365 selbstständige Sektionen[8] gegliedert. Die nördlichste von ihnen ist in Flensburg[9]. Den Mitgliedern wird viel geboten: Vergünstigungen in den Hütten, eine Versicherung für Bergunfälle, Jugendarbeit, viele Kurse, Touren und Veranstaltungen. Wandern, Skitourengehen und Mountainbiken sind beliebt. Klettern[10] natürlich auch. Das ist inzwischen fast so verbreitet wie Beachvolleyball[11]. In den mehr als 200 Kletterhallen des DAV treffen sich vor allem Jugendliche und trainieren für das Klettern am Berg.

Die Arbeit des DAV ist manchmal ein schwieriger Balanceakt[12]. Einerseits sollen die Alpen für Touristen und Sportler geöffnet werden, andererseits soll die Natur der Bergwelt geschützt werden. Sowohl begeisterte als auch kritische Reaktionen gibt es zu einem aktuellen Thema: Der DAV will Leistungssportler zur Olympiade 2020 nach Tokio schicken. „Olympic Combined"[13] heißt die neue Disziplin. Klettern sei ein Natursport, meinen Kritiker. Der passe nicht zum olympischen Geschäft.

7　die völkische und rassistische Ideologie「国粋民族主義的理念」。1938年DAVはナチの体育協会 (NSRL) に加盟したため、1945年敗戦と同時に連合軍に解体を命じられ、財産を没収された。1945～46年改めて会員を募り再スタートした

8　selbstständige Sektionen「独立した支部」。各支部はそれぞれ独立した活動をしていて、上部組織のDAVが様々な情報や催し物を提供する

9　Flensburg「フレンスブルク」、ドイツ最北端の町。1924年DAV Flensburgが創設。北の平らな土地なので山は全くないが、冬になるとDAVが企画するアルプスでの催し物に参加してスキーを楽しむことができる

10　Klettern「クライミング」。自然の岩場を登るFreikletternは1960～70年代アメリカで生まれた。人工的な壁を登るSportkletternは1930年頃欧州で生まれ世界に広がった

11　Beachvolleyball「ビーチバレー」。20世紀に生まれた新しいスポーツで、1996年からオリンピック種目になった。オリンピック委員会はアマチュアスポーツの振興・普及のため、新しいスポーツをたくさん正式種目に取り入れている

12　ein schwieriger Balanceakt「難しいバランス」。DAVとしては多くの人々にアルプスの魅力を知って欲しい反面、アルプスの静けさと豊かな自然を守りたい気持ちもある。山小屋の数はもう充分あるとして、今後は新設しない方針だ

13　„Olympic Combined"「オリンピック複合」。2020年東京オリンピックからクライミングが初めて正式種目に加えられる。3つの部門 (Lead, Bouldern, Speed) を合わせ、総合点でメダルを争う

Übungen

Ⅰ 次の動詞の3基本形を書きましょう。

(1) packen　　　(2) vertreten　　　(3) bieten　　　(4) öffnen

Ⅱ 下線部の動詞を、使われている時制で人称変化させましょう。

(1) Wen die Leidenschaft für die Berge einmal gepackt hat, den lässt sie nicht mehr los.

(2) 1869 saß eine Gruppe von Bergsteigern in einem Münchner Gasthaus zusammen.

(3) In den mehr als 200 Kletterhallen des DAV treffen sich vor allem Jugendliche.

Ⅲ 次の名詞句を1～4格まで変化させましょう。

(1) ein unvergleichliches Naturerlebnis　(2) ein dunkles Kapitel

(3) ein schwieriger Balanceakt　　　　(4) die neue Disziplin

Ⅳ 下線部に適切な前置詞を補いましょう。

(1) Er ist von der Leidenschaft ＿ die Berge gepackt worden.

(2) Für alle Bergsteiger ist der DAV ＿ 150 Jahren ein wichtiger Partner.

(3) Der Verein will sich heute ganz besonders ＿ Toleranz einsetzen.

(4) In den Kletterhallen des DAV trainieren Jugendliche für das Klettern ＿m Berg.

(5) Der DAV will Leistungssportler zur Olympiade 2020 ＿ Tokio schicken.

Ⅴ 本文の内容と一致しているものに×をつけましょう。

☐ (1) Der Bergsport ist jetzt im Trend.

☐ (2) Die nördlichste Sektion des DAV ist in Hamburg.

☐ (3) Das Klettern ist inzwischen fast so verbreitet wie Beachvolleyball.

Musik

KAPITEL 12

Stille Nacht! Heilige Nacht! – Ein Weihnachtslied geht um die Welt

Stil - le Nacht! Hei - li - ge Nacht! Al - les schläft, ein - sam wacht

nur das trau - te hei - li - ge Paar. Hol - der Knab' im lo-cki-gen Haar,

Schla-f in himm-li-scher Ruh! Schla-f in himm-li-scher Ruh!

「きよしこの夜」誕生から200年

　「きよしこの夜」は、オーストリアの片田舎の教会で1818年の聖夜に初めて歌われ、今や誰も知らない人はいないというほどポピュラーなクリスマスソングになりました。オーベルンドルフ・聖ニコラ教会の補助牧師Mohrが詩を書き、地元の貧しい教師Gruberがアルバイトで作曲したものです。

　そんな片田舎から世界へ、この曲はいったいどのように広まったのでしょう。まずこの地域をオルガン職人として何度も訪れていたKarl Mauracherが翌年の聖夜にこの曲をオルガンと聖歌隊で演奏しました。その聖歌隊にいたRainer姉弟は、個人的にも外国へ演奏旅行に出かけており、あちこちでレパートリーのこの曲を歌いました。さらにこの地域の旅商人だったStrasserの子どもたちが、呼び込みに「本場チロルの歌」と称して店頭でこの歌を歌ったと言われています。

　この曲は映画やテレビのドキュメンタリー番組で取り上げられるようになり、フィクション・ノンフィクション織り交ぜて様々に紹介されました。オーベルンドルフのこの教会は「きよしこの夜のチャペル」と呼ばれ、今や観光スポットになっています。

　2011年にはユネスコの無形文化遺産に認定されました。曲自体は実にシンプルで、歌詞も易しく、誰でもすぐに覚えられます。そんな親しみ易さが人々の心を捉え、長く歌いつがれてきたのかもしれません。

　ちなみに初演の時、Mohrがギターで伴奏を弾きながらGruberと二重唱で歌いました。教会のオルガンのふいごが鼠に齧られて使えないけど、貧しくて修理ができないから急きょこの曲を作ってギターで演奏したという説がありますが、それは伝説です。

12 Stille Nacht! Heilige Nacht! — Ein Weihnachtslied geht um die Welt

Stille Nacht! Heilige Nacht! ist das bekannteste Weihnachtslied der Welt. Es ist untrennbar mit dem weihnachtlichen Brauchtum verbunden. Als es vor 200 Jahren zum ersten Mal in einer Kirche im österreichischen Oberndorf[1] gesungen wurde, ahnte noch niemand, welche Bedeutung das schlichte und innige Lied für das Weihnachtsfest einmal haben würde.

Die Christen feiern zu Weihnachten die Geburt des Gottessohnes Jesus. In der Weihnachtsgeschichte heißt es, dass das Jesuskind in einem Stall in Bethlehem[2] auf die Welt gekommen ist, um den Menschen Erlösung und Heil zu bringen. Davon erzählt auch das Weihnachtslied, das der Organist Franz Xaver Gruber[3] am 24. Dezember 1818 kurz vor dem Weihnachtsgottesdienst komponierte. Der Text stammt von Joseph Mohr[4], der Hilfspfarrer in Oberndorf war. Mohr und Gruber sangen das neue Lied bei der Feier der Heiligen Nacht in der Kirche zweistimmig mit Gitarrenbegleitung[5]. Die Menschen hatten gerade schwere Zeiten[6], Hunger und Krieg durchlebt. Sie waren ergriffen und berührt von dem Lied. Den meisten, die es seitdem

---

1 Oberndorf「オーベルンドルフ」。オーストリア・Salzburg 近郊の人口 5800 人の町。この町にある聖ニコラ教会のチャペルで、1818 年の聖夜に「きよしこの夜」は初演された
2 Bethlehem「ベツレヘム」。パレスチナ自治区の町で、新約聖書ではキリストの生誕の地とされる。「きよしこの夜」の歌詞はキリストが生まれた時の様子を歌っている
3 Franz Xaver Gruber「フランツ・クサーヴァー・グルーバー」(1787–1863)。学校の教師をするかたわら聖ニコラ教会のオルガン奏者兼寺男をつとめ、Mohr から自作の詩に曲をつけてほしいと頼まれた
4 Joseph Mohr「ヨゼフ・モーア」(1792–1848)。聖ニコラ教会で補助牧師をしていた Mohr は、前任の Mariapfarr の教会で 1816 年に作った詩を男性 2 声の曲にしてもらい 2 人で歌った。Mohr がテノール、Gruber がバスだった
5 Gitarrenbegleitung「ギターの伴奏」、Mohr が弾いた。教会ではオルガンの伴奏が普通なので、「教会のオルガンが鼠に齧られて壊れ、使えないので、急きょこの歌を作りギターの伴奏で歌った」というような様々な伝説が生まれた
6 schwere Zeiten「大変な時」。1815 年ナポレオン戦争が終わったが、この地は戦場となったため荒らされ、影響が大きかった。さらにインドネシアの Tambora 火山が噴火し、翌年は火山灰の影響で日照時間が少なくて、欧州は不作の年となった

gehört haben, erging es ebenso – nicht nur im deutschsprachigen Raum. *Stille Nacht! Heilige Nacht!* ging um die Welt. Das Lied wird heute von zweieinhalb Milliarden Menschen[7] auf fünf Kontinenten gesungen. Es gehört zum immateriellen UNESCO-Kulturerbe[8] in Österreich, weil es zum Inbegriff für das Feiern des Weihnachtsfestes geworden ist. Der Text ist in mehr als 300 Sprachen und Dialekte übersetzt worden. Von den sechs Strophen[9], die Joseph Mohr ursprünglich verfasst hat, findet man in den heutigen Liederbüchern und Kirchengesangbüchern allerdings nur noch drei.

Woher kommt der Erfolg dieses Weihnachtsliedes? Vielleicht ist es die Ruhe und Schlichtheit, mit der die Melodie den direkten Zugang zu den Herzen findet. Sie ist im 6/8-Takt[10] und im wiegenden Siciliano-Rhythmus[11] geschrieben. Die Harmonien sind einfach. *Stille Nacht! Heilige Nacht!* erinnert an ein Wiegenlied für ein kleines Kind. Die Botschaft von Rettung und Frieden[12] gibt vielen Menschen Trost.

---

7 zweieinhalb Milliarden Menschen「25億人」。300以上の言語と方言に翻訳されたことから概算するとおよそ25億人の人々がこの歌を知っていることになる
8 das immaterielle UNESCO-Kulturerbe「ユネスコの無形文化遺産」。形は無いが、世代を超えて伝えたい人間の知恵と能力に対しユネスコが認定するもので、この曲はオーストリア政府が申請を出し、2011年無形文化遺産に認められた
9 die sechs Strophen「6番までの歌詞」。Mohrは6番まで書いたが、通常歌集に掲載されるのは1, 2, 6番の歌詞。2016年Wienの古本屋でこの曲の楽譜カードが見つかった。初演の頃に印刷され、参列者に配られた可能性がある
10 der 6/8-Takt「8分の6拍子」、1小節に8分音符が6つ入っているリズム。この曲がきっかけとなり、GruberとMohrは他にも何曲か一緒に作っている
11 der Siciliano-Rhythmus「シチリアーノ・リズム」。バロック音楽の歌唱曲によく用いられるリズム。この曲もそうだが、1拍目が長く、揺りかごを揺らした時のような拍子になる
12 die Botschaft von Rettung und Frieden「救いと平和のメッセージ」。「救いの御子は御母の胸に眠りたもう、いとやすく」というシンプルで解りやすいメロディーと歌詞が人々の心を打ったのかもしれない

Übungen

I 次の動詞の3基本形を書きましょう。

(1) komponieren　　(2) durchlében　　(3) hören　　(4) übersétzen

II 下線部の動詞を、使われている時制で人称変化させましょう。

(1) In der Weihnachtsgeschichte heißt es, dass das Jesuskind geboren ist.

(2) Mohr und Gruber sangen das neue Lied zweistimmig mit Gitarrenbegleitung.

(3) In den heutigen Liederbüchern findet man allerdings nur noch drei Strophen.

III 次の名詞句を1〜4格まで変化させましょう。

(1) das bekannteste Weihnachtslied　　(2) der deutschsprachige Raum

(3) die heutigen Liederbücher　　(4) der direkte Zugang

IV 下線部に適切な前置詞を補いましょう。

(1) Das Lied ist untrennbar ___ dem weihnachtlichen Brauchtum verbunden.

(2) Das Jesuskind ist in einem Stall in Bethlehem ___ die Welt gekommen.

(3) Der Text stammt ___ Joseph Mohr, der Hilfspfarrer in Oberndorf war.

(4) *Stille Nacht! Heilige Nacht!* ging ___ die Welt.

(5) *Stille Nacht! Heilige Nacht!* erinnert ___ ein Wiegenlied für ein kleines Kind.

V 本文の内容と一致しているものに×をつけましょう。

☐ (1) Die Christen feiern zu Ostern die Geburt des Gottessohnes Jesus.

☐ (2) 1818 hatten die Menschen gerade Hunger und Krieg durchlebt.

☐ (3) *Stille Nacht! Heilige Nacht!* ist im wiegenden Rhythmus geschrieben.

Intermezzo

KAPITEL 10-12

I   Wer ist das?

1.

2.

3.

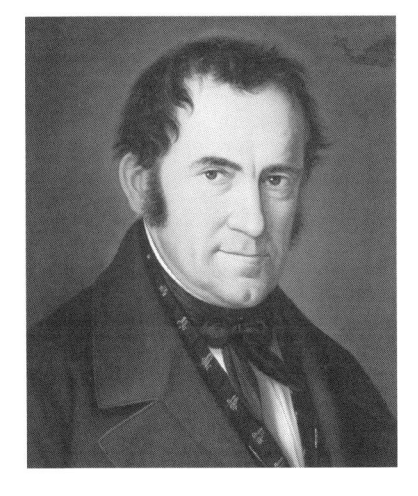

4.

☐   Anja Karliczek   ☐   Franz Xaver Gruber

☐   Joseph Mohr   ☐   Grundschüler

II Was ist das?

1.

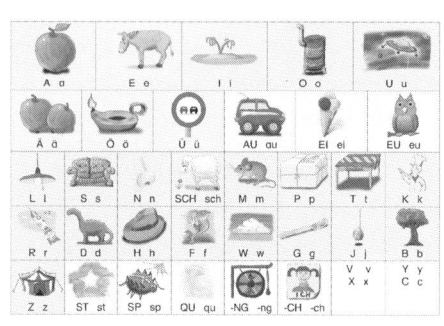

2.

3.

4.

5.

☐ das Grab von Joseph Mohr

☐ die Stille-Nacht-Kapelle in Oberndorf

☐ die Anlauttabelle

☐ das Edelweiß-Mitgliederabzeichen des DAV

☐ der Krater des Tambora

表紙デザイン：
　駿高泰子（Yasuco Sudaka）
本文図（Kapitel 12）：
　小熊未央
写真提供：

|表紙|　TT News Agency/ 時事通信フォト

|Kapitel|
1　Michael Rose（CC BY-SA 3.0: https://commons.wikimedia.org/wiki/File:JKH-19_Artikel.jpg?uselang=de）
2　SZ Photo/ 時事通信フォト　3　TT News Agency/ 時事通信フォト　4　dpa/ 時事通信フォト　5　picture alliance/ アフロ　6, 9　AFP ＝ 時事　10　Mami Wende　11　Maddl79（CC BY-SA 3.0: https://commons.wikimedia.org/wiki/File:Alpen_Wettersteingebirge_DAV_Knorrh%C3%BCtte.jpg?uselang=de）
7, 8　Shutterstock.com

|Intermezzo|
K. 1-4　I - 5, II -3　dpa/ 時事通信フォト　**K. 5-7**　8　ABACA PRESS/ 時事通信フォト dpa/ 時事通信フォト　**K. 8-9**　I -2　Timpe/ullstein bild/ 時事通信フォト　**K. 8-9**　II -8　AFP ＝時事　**K. 1-4**　I -1 〜 4　II -2,4 / **K. 5-7**　I -1 〜 7 / **K. 8-9**　I -4, 5, 7, 8　II -1, 4, 5, 7, 8 / **K. 10-12**　I -1, 2　II -2, 3　Shutterstock.com　**K. 8-9**　3　GFDL（CC BY-SA 3.0; https://commons.wikimedia.org/wiki/File:Breuer-FREISCHWINGER.JPG）　**K. 10-12**　I -4　Werner100359（CC BY-SA 3.0; https://commons.wikimedia.org/wiki/File:Stille_Nacht_Kapelle_Glasfenster_Josef_Mohr.JPG）　**K. 10-12**　II -4　Bene16（CC BY-SA 3.0; https://commons.wikimedia.org/wiki/File:Leontopodium-alpinum04.jpg）　**K. 10-12**　II -5　Luckyprof（CC BY-SA 3.0; https://commons.wikimedia.org/wiki/File:Wagrain_(Friedhof-Grab_von_Joseph_Mohr).jpg）

時事ドイツ語2020年度版

検印省略　　　　Ⓒ2020年 1 月30日　初版発行

著　者　　　Andrea Raab
　　　　　　石　井　寿　子

発行者　　　原　　雅　　久

発行所　　　株式会社　朝　日　出　版　社
　　　　101-0065　東京都千代田区西神田3-3-5
　　　　　　電話直通 （03）3239-0271/72
　　　　　　振替口座 00140-2-46008
　　　　　　http://www.asahipress.com
　　　　　　組版／印刷・信毎書籍印刷株式会社

乱丁、落丁本はお取り替えいたします。
本書の一部あるいは全部を無断で複写複製（撮影・デジタル化を含む）及び転載することは、法律上で認められた場合を除き、禁じられています。

ISBN978-4-255-25434-0　C1084

初級者に優しい 独和辞典
新装廉価版

今ドイツ人が日常使っている言葉で学ぶ学習辞典

早川東三
伊藤眞
Wilfried Schulte
=著

B6変型判／750頁
2色刷／発音カナ表記
見出し語15,000

定価[本体2,000円+税]

独学！わかるぞ ドイツ語
CD付

これさえあれば独りでドイツ語がマスター出来る！

岡田朝雄＝著　A5判／240頁

定価[本体2,400円+税]

『時事ドイツ語』バックナンバー

電子書籍刊行

各年度版：定価[本体1,500円+税]

- ストリーミング音声、和訳例、解答例付き
- 「政治、社会、経済、スポーツ」などの出来事を年ごとに紹介
- 紙書籍：毎年新刊を発行（但し、訳・解答なし）、電子版：紙書籍の2年前までをご用意（古い年度のものは、随時刊行予定）

見本はこちらから

アマゾンKindle、紀伊國屋書店Kinoppy、楽天Kobo、BookLive!、hontoなどの電子書籍店でご購入いただけます。専用端末以外でも、お手持ちのスマートフォンやタブレット（iOS、Android）でお読みいただけます。

※pdfサンプルのため、実際の各種リーダー・アプリの操作、見え方とは異なる場合がございます。

●目と耳で効率的に学ぶ！
ドイツ語 電子単語帳

無料！

基礎約500語を厳選！

ここからスタート

(株)朝日出版社 第一編集部　〒101-0065 東京都千代田区西神田3-3-5　TEL：03-3239-0271